Dr. phil. Wolfgang Boochs

Die deutsche Kolonie

KIAUTSCHOU - TSINGTAU

Bibliografische Information der Deutschen Nationalbibliothek:
Die Deutsche Nationalbibliothek verzeichnet diese Publikation in der
Deutschen Nationalbibliografie; detaillierte bibliografische Daten
sind im Internet über dnb.dnb.de abrufbar.

ISBN: 9783754312773

Autor und Herausgeber:

© 2021 Dr. phil. Wolfgang Boochs wolfgang-boochs@t-online.de

Herstellung und Verlag: BoD – Books on Demand, Norderstedt

Alle Photos public domain CC0

Gestaltung und Satz: Karl King fotonaut@gmx.net www.karlking.de

Inhalt

Deutsch- Kiautschou- Tsingtau

Deutsch- Kiautschou- Tsingtau

I. Allgemeines

Im Jahre 1898 pachtete das Deutsche Reich vom Kaiserreich China Kiautschou, ein Gebiet im Süden der Schantung- Halbinsel an der chinesischen Ostküste. Hauptstadt des Kiautschougebietes war Tsingtau, heute Quingdao geschrieben, was auf Deutsch *grüne Insel* bedeutet. Bevor Tsingtau deutsches Pachtgebiet wurde, wurde es noch ohne *g,* also Tsintau ausgesprochen und war ein Fischerdorf mit 300 Hütten. Von dem alten Tsintau blieb nach dem Neubau der Stadt nur noch die der Schutzgöttin Tien- hou geweihte alte taoistische Tempelanlage sowie das *Yamen*, das vormalige Amtsgebäude des vorherigen für Tsintau zuständigen Generals als Gebäude von historischem Denkmalswert über.

Im *Yamen* wurden nach Abschluss des Pachtvertrages der deutsche Befehlshaber sowie das deutsche Postamt untergebracht, bevor diese 1901 in ein mehrgeschossiges Geschäfts- und Wohnhaus umzogen. Mit der Anpachtung dieses Gebietes bezweckte das Deutsche Reich sich für die Kaiserliche Marine einen strategisch wichtigen Flottenstützpunkt in Ostasien zu beschaffen.

Maßgebend für die Wahl des Kiautschougebietes als deutschen Stützpunkt war in erster Linie der Umstand, dass es sich sowohl als Flottenstation eignete als auch als Handelsstützpunkt mit Steinkohlenvorräten und Eisen in der Nähe. Als vorteilhaft wurde auch das Klima mit seinen trockenen, kalten, aber oft sonnigen Wintern und feuchtheißen Sommern empfunden, dass aufgrund der ständigen Meeresbrise gut erträglich war. Das gepachtete Gebiet umfasste eine Fläche von insgesamt 552 Quadratkilometer und entsprach damit ungefähr der Fläche des Stadtstaates Hamburg [1]. Es umfasste die Wasserfläche der Bucht von Kiautschou bis zum höchsten Wasserstand sowie die zwei Landzungen- Halbinseln an beiden Seiten des Einganges zur Bucht. Nicht mitgepachtet war die Stadt Kiautschou, die im Nordwesten der nach ihr genannten Bucht lag.

Um das Pachtgebiet herum wurde durch den Pachtvertrag eine neutrale Zone von 50 Kilometern geschaffen, in der sich deutsche Truppen frei bewegen und in der die chinesische Verwaltung nur mit deutscher Zustimmung tätig werden durfte. Das Gebiet wurde durch den Marinehafenbaudirektor von Kiel Georg Franzius erkundet und anschließend am 14. November 1897 von der deutschen Marine unter dem Oberbefehl von Otto von Diederichs besetzt. Durch den über einen Zeitraum von 99 Jahren abgeschlossenen Pachtvertrag übertrug das Kaiserreich alle Hoheitsrechte über das Kiautschougebiet auf das Deutsche Reich. Es gab ihm vor allem das Recht auf dem Gebiet eine Stadt mit allen Baulichkeiten und öffentlichen Einrichtungen und Anlagen zu errichten sowie das Recht für den Schutz des gepachteten Gebietes zu sorgen. Darüber hinaus verpflichtete der Pachtvertrag das Kaiserreich innerhalb einer weiteren Schutzzone von 50 Kilometern landeinwärts Maßnahmen oder Anordnungen nur mit Zustimmung des Deutschen Reiches zu treffen. Innerhalb dieser neutralen Zone durften sich deutsche Truppen frei bewegen.

Der Neubau von Tsingtau folgte dem Plan, ein Europäer- Viertel im wilhelminischen Baustil sowie ein chinesisches Stadtviertel im lokalen chinesischen Stil zu erbauen. Zum Europäer Viertel gehörten ein Hafen mit einer Werft, ein Bahnhof, eine Universität und Fabriken, Kasernen mit einem Lazarett, ein Gericht, mehrere Schulen, eine evangelische Kirche, eine Post, ein Elektrizitätswerk, eine Filiale der Deutsch- Asiatischen Bank sowie ein Gouvernementsgebäude. Für alle Europäer galt das deutsche Recht, die Chinesen betreffend wurde im Juli 1900 eine besondere *Chinesenverordnung* für das Stadtgebiet Tsingtau erlassen.

Die Stadt Tsingtau entwickelte sich schnell aufgrund einer sachbezogenen Planung und zielstrebiger Orientierung auf die Zukunft durch die Bauämter des deutschen Marine- Gouvernements. Während im Jahre 1902 etwa 15.600 Personen in der Stadt lebten, stieg die Einwohnerzahl bis 1905 auf 29.000 und 1914 sogar auf 70.000. Entsprechend stieg die Gesamteinwohnerzahl im Pachtgebiet mit seinen 275 Dörfern von 83.000 im Jahre 1897 auf ca. 200.000 Einwohner im Jahre 1913, 1902 lebten in der im Aufbau befindlichen Stadt Tsingtau bereits 686 Europäer und 15.000 Chinesen, 1903 928 *Weiße* und 26.000 Chinesen, 1907 1184 *Weiße* sowie 31.500 Chinesen und 200 Japaner, im Jahre 1913 lebten ca. 4.812 Europäer sowie 187.000 Chinesen in der Stadt Tsingtau.

Das Klima im Pachtgebiet, das auf dem Breitengrad mit Sizilien liegt, war auch für Europäer erträglich. Die Winter sind nicht so kalt wie teilweise die Winter in Mitteleuropa, Schnee fällt selten und wenn so bleibt er nicht lange liegen. Der Hafen blieb aufgrund der milden Temperaturen auch im Winter eisfrei [2]. Die Sommer sind dagegen heiß und feucht. Unangenehm ist, dass die Regenzeit in den Sommer fällt, von Mitte Juli bis Ende August, wenn es täglich teilweise heftig regnet. Der Regen ist jedoch kein dauerhafter Landregen, sondern es handelt um heftige, schnell vorübergehende Regengüsse. Da die Durchschnitttemperaturen im Sommer um 25 Grad Celsius oder darüber betragen, herrscht zumeist eine feuchtwarme Luft wie in einem Treibhaus.

In der deutschen Öffentlichkeit führte das Bestehen des Pachtgebietes in China zu einem verstärkten Interesse an dem Land, seiner Bevölkerung und seiner

Geschichte. Dies zeigte sich zum Beispiel in der Berichterstattung der deutschen Medien, aber auch in der Literatur, vornehmlich in der Jugend-, Abenteuer- und Reiseliteratur, welche China als Sujet entdeckten. Aber auch die Wissenschaft, insbesondere der Fachbereich Sinologie wandte sich China und chinesischen Themen zu. Es wurden Gesellschaften gegründet, die sich dem Kulturaustausch zwischen Deutschland und China widmeten, wie z.B. die *Konfuziusgesellschaft*. Zugleich stieg die Spendenbereitschaft der Deutschen, z.B. bei der Unterstützung deutsch- chinesischer Schul- und Ausbildungsprojekten.

II. Die Entstehung des Pachtgebietes Kiautschou

Die Entstehung des Pachtgebietes Kiautschou und der Stadt Tsingtau fiel in eine Zeit des Umbruches in China nach den beiden Opiumkriegen und dem Boxeraufstand. Nach ihren Niederlagen gegen eine europäische Allianz aus Engländern, Franzosen und Russen sowie Amerika hatte das Kaiserreich China seine Souveränität und Eigenständigkeit weitgehend verloren.

In der zweiten Hälfte des 19. Jahrhunderts richtete sich die imperialistische Außenpolitik der europäischen Großmächte England, Frankreich und Russland sowie von USA und Japan immer mehr auf Ziele in Afrika oder Asien, um sich dort wirtschaftliche, politische und kulturelle Einflusszonen zu sichern. Insbesondere China war wegen seiner Größe und des Bevölkerungsreichtums, aber auch wegen seiner politischen und militärischen Schwäche für alle imperialistischen Staaten von besonderem Interesse. In diesen Staaten herrschte die Ansicht, dass die Errichtung von Kolonien die beste Methode sei, die Wirtschaft im Mutterland zu unterstützen. In diesem Sinne forderten bedeutende Wissenschaftler wie z.B. Max Weber die Politik zu einer aktiven Kolonialpolitik auf. Eine derartige expansive Kolonialpolitik war ohne Unterstützung des Militärs, also einer Hochseeflotte in Übersee undenkbar. Diese Flotte diente in Friedenszeiten dazu im Sinne einer Kanonenbootdiplomatie den kolonialen Forderungen der Staaten entsprechenden Nachdruck zu verleihen, im Kriegsfall war es Aufgabe der Flotte entsprechend des Kreuzerkriegskonzeptes die eigenen Handelswege zu schützen und Angriffe des Gegners entsprechend abzuwehren. Diese Strategie erforderte den Aufbau weltweiter Flottenstützpunkte.

In China, das für die europäischen Kolonialmächte als wichtigstes außereuropäisches Handelsgebiet galt, ergab sich folgende politische Lage, die ihnen in die Karten spielte: Nachdem der Kaiser Kangxi (1661 bis 1722) in seiner langen Regierungszeit durch viele siegreich geführten Kriege das Staatsgebiet Chinas erweitert und zu einer Blütezeit geführt hatte, kapselte sich China danach immer mehr ab und wandte sich zu nicht mehr zeitgemäßen Traditionen hin. China verschlief in dieser Zeit den Aufschwung Europas auf dem Gebiet von Technik und Wissenschaften. Im 19. Jahrhundert befand sich China in einem Zustand der völligen Machtlosigkeit und der politischen Inkompetenz. Es wurde damit leicht zu einem Spielball und Opfer der Interessen der imperialistischen Staaten.

1. Die beiden Opiumkriege

Anlass für den ersten Opiumkrieg von 1839 bis 1842 war der Versuch der Chinesen die Einfuhr fremden Opiums nach China abzuwehren. Im Jahr 1729 hatte die kaiserliche Regierung, um die Chinesen vor den verhängnisvollen Folgen eines Opiumkonsums zu schützen, den Opiumimport verboten. Dieses Verbot wurde in den Folgejahren jedoch von der von den Engländern beherrschten East India Company, der Britisch- Ostindien- Kompanie von Indien aus ständig unterlaufen. 1773 nahm die Gesellschaft das Hauptmonopol für den Opiumschmuggel nach China an sich und baute es zu einer der Haupteinnahmequellen der Kolonie Britisch- Indien aus.

1839 ließ Li Tse- Hsü, ein von der chinesischen Regierung nach Kanton (Guangzhou) entsandter Beamter unter Berufung auf das Verbot des Opiumhandels in Kanton 19.179 Kisten und 2119 Säcke Opium, das von der Ostindischen Kompanie aus Indien eingeführt worden war, beschlagnahmen und vernichten, indem er es ins den Hafen schütten ließ. Daraufhin erklärte die England, das seine wirtschaftlichen Interessen in Ostasien massiv gefährdet sah, China den Krieg und überfiel das Delta des Perlflusses (Zha Jisang), eroberte dort mehrere Militärfestungen und ließ die Küstenstädte Amoy, Ningpo und Ting- hai von Kanonenbooten aus beschießen. Danach bedrohte es Hangschou und marschierte weiter den Jangtse Fluss flussaufwärts. Im August 1842 belagerten 80 britische Schiffe Nangking.

Nach der Niederlage im ersten Opiumkrieg verpflichtete sich China im Friedensvertrag von Nanking am 29. August 1842 zur Zahlung einer Kriegsentschädigung in Höhe von 21 Millionen Silberdollar, zur Öffnung von sieben chinesischen Hafenstädten unter Einräumung von Vorrechten an England (Vertragshäfen), zur Zulassung von Fremdhandel durch ausländische Kaufleute, zur Abschaffung des Handelsmonopols der chinesischen Kaufleute, zur Anerkennung eines fremden Zollsystems sowie zur Abtretung Hongkongs für ewige Zeiten. Entsprechende Verträge schloss China mit Amerika, Frankreich und Russland, denen China ähnliche Handelsvorteile einräumen musste. In den Hafenstädten die für ausländische Händler geöffnet waren, schlossen sich die Ausländer zu einem *settlement*

11

mit eigener Verwaltung und Gerichtsbarkeit zusammen.

Im Zweiten Opiumkrieg von 1856 bis 1860 setzten England und Frankreich weitere Handelsinteressen gegenüber China durch, nachdem Truppen beider Länder erneut gegen chinesische Hafenstädte vorgegangen waren. Als China nicht alle Forderungen Englands und Frankreichs erfüllen wollte, drangen deren Truppen in Peking ein und zerstörten dort den kaiserlichen Sommerpalast. Andere Mächte wie Russland und die USA stimmten dem Vorgehen nachträglich zu.

Nach der erneuten Niederlage im zweiten Opiumkrieg wurde China genötigt weitere Häfen sowie die chinesischen Binnengewässer für ausländische Schiffe zu öffnen, westlichen Kaufleuten, Diplomaten und Missionaren Freizügigkeit in China zu gewähren sowie den Opiumhandel zu legalisieren. Darüber hinaus erzwang England von China an Orten wie Shanghai, Amoy, Futschou und Ningpo Konzessionsgebiete für fremde Mächte einzurichten. In diesen Enklaven sollten Chinesen kein Wohnrecht mehr haben, dagegen sollte es Ausländern erlaubt sein nach Belieben Grundstücke zu erwerben und Handelsniederlassungen zu gründen.

Den christlichen Missionaren aus Amerika, England und Frankreich wurde das Recht eingeräumt, sich in ganz China zu bewegen und ihre Religion auszuüben, Kirchen, Schulen und Hospitäler sowie christliche Friedhöfe zu errichten. Diese Rechte wurden von Amerika und England durch Soldaten und Kanonenboote gesichert. Die Franzosen, die sich als Schutzmacht aller katholischen Missionare und der katholischen Chinesen verstanden, gewährten allen Katholiken Schutz unter dem sogenannten *Katholikenprotektorat*, welches den Missionaren in erster Linie diplomatischen Schutz, in Einzelfällen aber auch militärischen Schutz garantierte.

2. Die neue Chinapolitik Deutschlands nach den Opiumkriegen

Die Niederlagen Chinas in den beiden Opiumkriegen lösten in Europa und Japan einen Run auf China und den riesigen chinesischen Absatzmarkt mit seinen 600 Millionen Menschen als mögliche Konsumenten europäischer Produkte aus. Konkurrenten Deutschlands waren neben den europäischen Großmächten wie England, Frankreich und Russland auch Amerika und Japan. England schloss 1842, die USA 1844 und Frankreich 1845 Handelsverträge mit China ab, ausschließlich mit der Zielsetzung sich China als Absatzmarkt zu sichern. Dasselbe machten Siam (Thailand) und Japan. Deutschland spielte vor der Reichsgründung im Jahre 1871 macht- und wirtschaftspolitisch keine Rolle, einzelne Länder nur eine Nebenrolle. In Preußen befürchtete man nach dem zweiten Opiumkrieg den Anschluss an China auf der Suche nach neuen Absatzmärkten zu verpassen. Friedrich List, der geistige Vater des Zollvereins vertrat die Ansicht, dass der Frieden von Nanking im Jahre 1842 ein großes Ereignis für den Welthandel war und wies diesem Ereignis eine größere handelspolitische Bedeutung zu als der Entdeckung Amerikas [3]. Preußen hatte im Zuge seiner kolonialpolitischen Ambitionen bereits 1860 ein Auge auf China, als wichtigstes außereuropäisches Handelsgebiet mit seinem Absatzmarkt von 350 Millionen Einwohnern, geworfen und wollte unbedingt in Ostasien und insbesondere in China einen Fuß in die Tür bekommen.

Dabei handelte es sich um einen Prozess, der sich langsam und uneinheitlich entwickelte. Im Vordergrund stand weniger die Entwicklung diplomatischer Beziehungen zwischen Deutschland und China als vielmehr privates Engagement von Kaufleuten und Missionaren, die China als wichtiges Gebiet für ihre Interessen und Aktivitäten ausgemacht hatten [4]. Einzelne deutsche Handelsfirmen hatten die Zeichen der Zeit durchaus erkannt. So gründeten das Hamburger Handelshaus Wm. Pustau & Co 1845, das sächsische Unternehmen Carlowitz, Harkort & Co 1846 in Kanton sowie 1847 die Hamburger Firma Siemssen & Co in Honkong feste Handelsniederlassungen in China. Dabei hatte bereits Richard von Carlowitz die Problematik Deutschlands erkannt und wie folgt beschrieben [5]:

Als Nation galten wir gar nichts. Die Chinesen erkennen bloß jene Staaten nominell an, die mit ihnen Verträge geschlossen haben.

Aus dieser Erkenntnis heraus entstand in Preußen als größtem und stärkstem deutschen Einzelstaat der Entschluss eine Expedition nach Ostasien durchzuführen mit dem Ziel politische und wirtschaftliche Beziehungen zu ostasiatischen Staaten wie China, Japan und Siam zu knüpfen. Preußen sollte dabei nicht nur für sich, sondern im Namen des deutschen Zollvereins, Mecklenburg und Vorpommern sowie der deutschen Hansestädte auftreten. Zunächst wurde von 1860 bis 1862 eine Expeditionsflotte mit den preußischen Kriegsschiffen Arcona, Preußens erstem Kriegsschiff mit Dampfmaschine und Schraubenantrieb, der Segelfregatte Thetis und dem zweimastigen Kriegsschoner Frauenlob, der weitgehend aus den Spenden preußischer Frauen finanziert worden ist zusammengestellt. Die Expedition war nach ihrem Leiter, dem Grafen Friedrich Friedrich Eulenburg *Eulenburgexpedition* benannt und nach Japan, Siam und China geschickt. Eulenburg war vorheriger Generalkonsul in Warschau und später Innenminister des Königreichs Preußen gewesen. Zu seinem Gefolge gehörten unter anderem sein Neffe Graf August zu Eulenburg, Theodor von Bunsen und Max Brandt, der später deutscher Gesandter in Tokio und Peking wurde sowie der deutsche

Geograf und Geologe Ferdinand Freiherr von Richthofen. Sie sollten als eine Art Handelsmissionen nach Stützpunkten und Gelegenheiten suchen, an welchen sich mit Aussicht auf Erfolg Handelsverträge mit ostasiatischen Staaten schließen und preußische Handelsstützpunkte gründen ließen. Die Expedition machte die Kiautschou Bucht als geeigneten Stützpunkt für eine Niederlassung aus und hatte als Ergebnis, dass 1865 eine preußische Gesandtschaft in Peking eingerichtet wurde. Zum ersten Gesandten wurde Guido von Rehfues ernannt [6].

Auf der Rückreise ging der hölzerne Segelschoner Frauenlob am 2.9.1860 im Taifun vor Yokohama verloren. Der Kommandant, Leutnant zur See, I. Klasse und alle 46 Mann der Besatzung fanden den Seemannstod.

Am 24. Januar 1861 schloss die Kommission für Preußen einen Handelsvertrag mit Japan. Am 2. September 1861 wurde in Tientsin an der Peiho Mündung mit China ein Freundschafts- Handels- und Schiffahrtsvertrag abgeschlossen, in welchem China den Preußen die gleichen Rechte zusicherte wie den anderen europäischen Kolonialmächten, außerdem das Recht auf Errichtung einer diplomatischen Vertretung in Peking. Dieser Vertrag galt, anders als der mit Japan geschlossene Handelsvertrag, nicht nur für Preußen, sondern für alle übrigen deutschen Länder, die dem Grafen Eilenburg die Vollmacht zum Abschluss eines derartigen Vertrages erteilt hatten. Ein gleicher Vertrag wurde am 7. Februar 1862 mit Siam abgeschlossen. Im Frühjahr 1863 wurden die Verträge im Preußischen Landtag fast einstimmig genehmigt und gingen 1866 auf die Staaten des Norddeutschen Bundes sowie 1871 auf das Deutsche Reich als dessen Rechtsnachfolger über.

1850 gingen die Unruhen in China weiter. In diesem Jahr erhob sich die sogenannte *Taiping Bewegung* unter Führung des Kantonesen Hong Xiu-Quan, der sich als *jüngerer Bruder Jesus und als Sohn Gottes* ausgab, gegen den schwachen Mandschu- Kaiser Hsi- En- Feng [7]. Hong Xiu- Quan hatte ein *Reich des großen Friedens* gegründet und vertrat radikal- sozialrevolutionäre Thesen. Die Aufständischen plünderten Peking und setzten den Sommerpalast in Peking in Brand. Daraufhin floh der Kaiser in die Mandschurei. Erst als England, Russland und Frankreich dem Kaiser zu Hilfe kamen, konnte der Aufstand niedergeschlagen werden. Russland ließ sich seine Unterstützung durch die Abtretung der Herrschaft über die Amur- und Essurigebiete in den Jahren 1858- 1860 von den Chinesen entlohnen. Damit begann der endgültige Zerfall des chinesischen Kaiserreiches. Während der Reichskanzler Otto von Bismarck Aktivitäten deutscher Interessensgruppen in Richtung China nur punktuell unterstützte, trat mit dessen Rücktritt im Jahre 1890 durch die Politik des Neuen Kurses eine Änderung der deutschen Politik in Richtung einer aktiven Förderung deutscher Interessen in

China ein. Diese Pläne wurden von Kaiser Wilhelm II. nachdrücklich unterstützt. Dabei spielten vor allem wirtschaftliche Gründe eine Rolle. Die in Deutschland herrschende große Deflation zwang Deutschland wie die anderen europäischen Mächte dazu, um die wirtschaftliche und politische Stabilität zu erhalten, sich nach Absatzmärkten in Übersee umzusehen. Dabei spielte China allein schon wegen seines Bevölkerungsreichtums als wichtigster Absatzmarkt in Ostasien eine wesentliche Rolle. Die Suche nach überseeischen Absatzmärkten, vor allem in China stellte damit einen Versuch dar, die Wirtschaftskrise in Deutschland wirksam zu bekämpfen.

Eine Chance für die Verwirklichung dieser Pläne ergab sich im Gefolge des chinesisch- japanischen Krieges 1894 bis 1895, bei dem Deutschland zunächst eine neutrale Haltung einnahm. In diesem Krieg zeigte sich erneut die militärische Unterlegenheit Chinas. China verlor nach seiner Niederlage seinen Einfluss auf Korea, das zehn Jahre später japanische Kolonie wurde. Die zunächst neutrale Haltung Deutschlands, aber auch Frankreichs und Russlands änderte sich nach dem militärischen Erfolg Japans. Wilhelm II. verkündete am 17.11.1894, falls es in China zu Gebietserwerbungen anderer Mächte käme, müsse auch Deutschland entsprechend beteiligt werden

Bei den Überlegungen war auch das Verhalten Russlands ein wichtiger Faktor. Die deutsche Regierung wollte auf alle Fälle eine Konfrontation mit Russland vermeiden, von dem es hieß es habe bereits Anrechte auf die Kiautschoubucht erworben. Bei einem Moskaubesuch sprach daraufhin Kaiser Wilhelm II. den Zar Nikolaus auf die Problematik und den Wunsch Deutschlands nach einem Erwerb der Kiautschoubucht an. Nachdem Zar Nikolaus versichert hatte, Russland habe keinerlei Absichten und Interessen an der Bucht, war das letzte außenpolitische Hindernis für eine Besetzung der Bucht aus dem Wege geräumt [8].

Am Abschluss des Friedensvertrages von Shimonoseki war Deutschland zusammen mit Russland und Frankreich im sogenannten Ostasiatischen Dreibund wesentlich beteiligt, durch einen gemeinsamen Einspruch gegen den Vertragsentwurf Japans die Einflusssphäre Japans als Siegermacht in China einzuschränken. In diesem Einspruch wurde Japan vor allem zur Rückgabe der Halbinsel Liandong und der strategisch bedeutsamen Hafenstadt Port Arthur aufgefordert. Am 5. Mai 1895 teilte Japan seinen Verzicht auf Liandong und Port Arthur mit. Damit konnte ein machtpolitisches Übergewicht Japans in China verhindert werden. In Zusammenhang mit dieser politischen Einflussnahme Deutschlands auf die Verhältnisse in China verstärkte sich dessen Wunsch nach einem Flotten- und Handelsstützpunkt in China, um auch in Zukunft die deutschen Interessen im ostasiatischen Raum wahren zu können. In die gleiche Richtung gingen die

Interessen des Flottenvereins und der Marine, die auf der Suche nach geeigneten außereuropäischen Stützpunkten für ihre Handels- und Kriegsschiffe waren. Der Flotte sollte dadurch ermöglicht werden, im Kriegsfall die Handels- und Güterlieferungen des Gegners über See durch Versenken der gegnerischen Schiffe zu unterbinden [9]. Außerdem spielten wirtschaftliche Gründe eine Rolle. Durch die hohen Entschädigungszahlungen, die China durch den Vertrag von Shimonoseki zu zahlen hatte, blieben den Chinesen kaum noch finanzielle Mittel für den Kauf von Rüstungsgütern in Deutschland.

3. Die Suche nach einem geeigneten Stützpunkt

Damit stand das *Dass* für den Erwerb eines Stützpunktes in China fest. Nun begann die Suche nach dem *Wo* und *Wie* eines geeigneten Stützpunktes. Freiherr Ferdinand von Richthofen (1833 bis 1905), der als Geograph und Geologe auf sieben großen Reisen China erforschte und die Gegend um Kiautschou im Auftrag des preußischen Marine 1868 und 1871 inspizierte, empfahl bereits die Kiautschou Bucht als geeigneten Marinestützpunkt.

Der Marinehafenbaudirektor in Kiel Georg Franzius wurde Anfang 1897 mit einem wasserbautechnischen Gutachten über die zur Wahl stehenden Stützpunkte, die Samsahbucht, die Häfen von Amoy und Kiautschou beauftragt und schlug die Kiautschoubucht vor [10]. Die Kiautschoubucht war seit Jahrhunderten ein wichtiger Hafen für die kommerzielle und militärische Seefahrt der Chinesen. Sie war ein wichtiger Knotenpunkt für den überregionalen und internationalen Handel des chinesischen Reiches. Die Hafeneinfahrt betrug zwei Seemeilen, 1,5 Meilen davon hatten eine auch für größere Schiffe ausreichende Tiefe. Die Bucht misst in jeder Richtung etwa 12 Seemeilen. Über seine Erkundungsreise nach China auf der Suche nach einem geeigneten Standort und das Ergebnis dieser Suche schrieb Franzius in seinem Buch *Kiautschou, Deutschlands Erwerbung in Ostasien*. Darin berichtete er über folgende Einzelheiten seiner Suche [11]:

Bevor man in nähere Verhandlungen wegen der Erwerbung eines Gebietes eintreten konnte, kam es darauf an, diejenigen Plätze zu ermitteln, welche für die Anlage eines Stützpunktes geeignet sein würden. Vorgeschlagen waren besonders drei: der Hafen von Amoy, die Samsah Bucht und die Bucht von Kiautschou. Solange man vorzugsweise nur an eine Flottenstation gedacht hatte, war man der Ansicht, dass der Erwerb einer Insel mit Rücksicht auf ihre leichtere Verteidigung einem Platze am Festland vorzuziehen sei. Es wurden deshalb die Inseln des Tschusan Archipels wegen ihrer vorzüglichen Lage mitten vor dem Jangtsekiang, der Hauptverkehrsader des ganzen Reiches und unmittelbar an der

CHINA - safe for the present

of course we want peace - but it isn't wise to exercise on a full stomach

großen Schifffahrtsstraße gelegen, genannt, aber der Erwerb einer dieser Inseln würde vermutlich große Schwierigkeiten gehabt haben, weil England bekanntlich eine Art von Vorkaufsrecht auf sie zu haben behauptete. Selbstverständlich mussten aber die Interessengebiete anderer Nationen möglichst unberührt bleiben. Ob das ganz gelingen würde, war von vornherein wohl nicht ganz genau zu übersehen, weil dieser Forderung im Grunde nur Kiautschou entsprach und man auch hier längere Zeit im Zweifel sein konnte, ob nicht Russland Ansprüche auf die Bucht erheben würde, da es dieselbe bereits als Winterstation für seine Kriegsschiffe benutzt hatte, und englische Zeitungen fest behaupten, dass die Bucht durch geheimen Vertrag an Russland bereits abgetreten sei.

Im Vordergrund des Interesses stand für uns lange Zeit Amoy (nordöstlich von Hongkong) unstreitig einer der besten Häfen Chinas, ein alter Handelsplatz mit regem Schiffsverkehr, an der großen Straße von Formosa gelegen, allerdings ein allen Nationen geöffneter sogenannter Vertragshafen und insofern voraussichtlich schwer zu erwerben. Noch weniger wusste man von der Samsah Bucht, die etwas nördlich von der großen Stadt Futschau liegt (nördlich von Amoy),dem Handel noch nicht geöffnet war und deshalb wahrscheinlich leichter zu erwerben war, als ein Vertragshafen.

Gegen Kiautschou wurden anfangs verschiedene Bedenken laut. Die Bucht war von einzelnen unserer Kriegsschiffe flüchtig und unter ungünstigen Umständen besucht, man hielt sie für zu groß und ungünstig in Bezug auf die Wassertiefen und die Verteidigung, wirtschaftlich für bedeutungslos usw. demgegenüber wurden aber auch andere Ansichten laut, die sich teils auf eigene Anschauung, teils auf das Studium des vorzüglichen Werkes von Richthofen stützten, in welchem dieser gründliche Kenner Chinas seine Ansicht über die wirtschaftliche Bedeutung der Bucht mit größtem Nachdruck ausgesprochen hat. Da aber Freiherr von Richthofen die Bucht nicht selbst gesehen hatte und es wünschenswert war, über die Brauchbarkeit derselben für Hafenanlagen und namentlich für die Ausführbarkeit von Eisenbahnen in das Hinterland auch ein technisches Urteil zu erlangen, so besuchte der damalige Chef der Kreuzerdivision, Konteradmiral Tirpitz, der Staatssekretär des Reichsmarineamtes, die Bucht im Mai 1896 zunächst persönlich und forderte dann die Entsendung eines Hafenbautechnikers.

Letztlich war die Entscheidung Tirpitz für die Kiautschoubucht ausschlaggebend. Tirpitz wägte bei seiner Empfehlung für Kiautschou mehrere Faktoren gegeneinander ab. Der Stützpunkt durfte nicht allzu fern der üblichen Operationsräume liegen, er musste Platz bieten und bedingt verteidigungsfähig gemacht werden können. Er würde wirtschaftlich nur aufblühen können, wenn es ein entwicklungsfähiges chinesisches Hinterland und Verkehrswege dahin gab. Schließlich *müsse die Forderung der Politik berücksichtigt werden, dass der Erwerb des Stützpunktes die Beziehungen zu den konkurrierenden Staaten nicht mehr als unvermeidlich belaste.*

Vor seinem Besuch der Kiautschoubucht äußerte sich von Tirpitz wie folgt [12]:

Sollte der deutsche Handel immer mehr aufhören, ein Zwischenträger zwischen englischen und chinesischen Erzeugnissen zu sein und deutsche Waren auf den asiatischen Markt zu werfen, so bedarf es eines Geschwaders und eines eigenen Hongkong.

Nach dem Willen der Marine sollte Kiautschou jedoch keine reine Marinebasis werden, sondern sollte:

als Schaufenster Deutschlands in Ostasien die starke Wirtschaftsposition und die Leistungsfähigkeit des Deutschen Reiches demonstrieren.

Dabei fühlte sich allein die Marine für den Stützpunkt zuständig und betrachtete ihn als Experimentierfeld für eine bessere Kolonialpolitik. Deshalb sollte die Verwaltung Kiautschous auch nicht wie bei den anderen deutschen Kolonien in die Hände einer Handels- oder Kolonialgesellschaft bzw. des Auswärtigen Amtes oder Reichskolonialamt gegeben werden, sondern in die Hände des Reichsmarineamtes mit einem Marineoffizier als Gouverneur. Von Tirpitz hielt Kiautschou politisch und wirtschaftsgeographisch gleichermaßen für empfehlenswert [13]:

weil es günstig zu denjenigen Küstenstrichen lag, wo das Flaggezeigen geboten sein konnte, insbesondere lag es nahe der chinesischen Hauptstadt Peking.

Daraufhin erhielt Geheimrat Franzius der Hafenbaudirektor des Kieler Kriegshafens, den oben beschriebenen Auftrag, eine wasserbauliche Studienreise nach Ostasien zu machen und dabei auch die genannten Plätze zu besuchen. Zunächst versuchte Deutschland seinen Wunsch nach einem Flottenstützpunkt im Rahmen von diplomatischen Verhandlungen mit China zu realisieren. Doch es hätten noch Jahre vergehen können, ehe die diplomatischen Verhandlungen, und nur auf diesem friedlichen Weg wollten die Deutschen zunächst zum Ziele kommen, den gewünschten Erfolg gehabt hätten. Die chinesische Regierung fand es an und für sich ganz verständlich, dass die Deutschen irgendeine Gegenleistung für den ihr beim Frieden von Schimonoseki gegen Japan geleisteten Beistand erwarteten. In diesem Frieden, der den chinesisch- japanischen Krieg 1894 beendete, hatte bei den Friedensverhandlungen der sog. ostasiatische Dreibund bestehend aus Deutschland, Frankreich und Russland seine schützende Hand über das am Boden liegende China gehalten und die weitgehenden Forderungen der siegreichen Japaner wesentlich herabgemindert. So war die chinesische Regierung im Grunde nicht dagegen, dass Deutschland sich seinen Lohn für die China erwiesenen Dienste nahm. Dennoch durfte die chinesische Regierung um des chinesischen Volkes Willen zu berücksichtigen nicht ohne weiteres auf einen Vertrag eingehen, bei dem die Chinesen sehr leicht den Anschein gewinnen konnten, als habe ihre Regierung etwas vom altheiligen chinesischen Grund und Boden an die zwar nicht verhassten, doch sicher nicht beliebten Deutschen ohne zwingende Not abgetreten.

Dankbarkeit allein schloss auch in der chinesischen Politik keinerlei Verpflichtung in sich. Deutschland Wunsch stieß bei den Chinesen letztlich deshalb auf taube Ohren, weil China befürchtete ein Nachgeben gegenüber Deutschland würde gleichlautende Forderungen anderer Mächte nach sich ziehen. Deshalb beschloss die deutsche Regierung dem Kaiserreich mit militärischen Mitteln einen Stützpunkt in China zu sichern.

Andererseits waren die Chinesen von alters her immer geneigt Verhandlungen hinzuschleppen, eine Kunst, in der die chinesischen Diplomaten unübertroffene Meister sind. In der Hoffnung: *interim aliquod fit-* inzwischen tritt vielleicht noch etwas ein, was uns noch nützen kann. Und in der Tat trat etwas ein, das diese Angelegenheit zu einem raschen Ende, zu einem rascheren als die Chinesen gedacht hatten, bringen sollte. Im Innern von Schantung, eben der Provinz, zu der die begehrte Kiautschou Bucht gehörte, wurden 1897 zwei katholische Missionare ermordet. Damit war für die deutsche Reichsregierung die Gelegenheit gegeben, energischer in den Gang der Verhandlungen um einen Flottenstützpunkt in der Kiautschoubucht einzugreifen. Dabei zahlte es sich aus, dass es am 23.11.1890 dem tatkräftigen Leiter der katholischen Mission in Südschantung, Bischof Anzer gelungen war, seine Mission unter den Schutz des deutschen Reiches zu stellen.

4. Die Rolle der Missionen in der chinesischen Gesellschaft

Man ist versucht, in diesem Zusammenhang auf das Thema: Mission und Politik, weiter einzugehen und zu erörtern, wieweit es sich hier wirklich um notwendige Sühne für freventlich vergossenes Blut handelt oder wieweit eine lediglich die Mission angehende Angelegenheit politisch ausgenutzt worden ist. Viele Missionare sahen jedenfalls jede Verkettung missionarischer Tätigkeit und politische Aktionen als für ihre wahre, tiefere missionarische Arbeit unheilvoll an und christlich ernst denkende Evangelische wie Katholiken in Deutschland waren damals der Ansicht die christlichen Missionen sollten es sich verbitten in dieser Weise vom Staate missbraucht zu werden; sie sollten stets der Grundlehren ihres Meisters eingedenk bleiben, der von äußerer Gewalt irgendwelcher Art bei der Ausbreitung seines Reiches nichts wissen wollte; und wenn schon Gewalt wider Gewalt stehen muss, dann sollte es nur die Gewalt allmählicher Aufklärung und die Gewalt ungewöhnlicher werktätiger Liebe sein, die dem Christentum zum Siege über das Heidentum verhilft. Es würde dann die Zahl der Getauften vielleicht noch langsamer wachsen, als bisher, aber die Durchdringung mit christlichem Geist würde um sie tiefer und nachhaltiger sein.

Kiautschou lag an der Südküste der Provinz Schantung. Zu dieser Provinz gehörte auch die Stadt Qufu, die Heimat von Konfuzius. Der Ort war deshalb Zentrum der chinesischen Konfuziusverehrung mit einer stark konfuzianisch orientierten Elite, was sich insbesondere für die Tätigkeit der christlichen Missionsgesellschaften als problematisch erweisen sollte [14].

Die Missionierung der Chinesen stieß deshalb auf vielfältige Schwierigkeiten, da die meisten Chinesen traditionell tief in der konfuzianischen Glaubenslehre verwurzelt waren, die zugleich eine China und die Chinesen prägende Lebensphilosophie war. Anfänglich konnten die Jesuiten in einer ersten Blütezeit der Mission Erfolge in China erzielen. Es bestand für Chinesen, vor allem für Mitglieder schutzloser Randgruppen wie heterodoxe Sekten oder arme Sträflinge ein Anreiz dafür zum Christentum zu konvertieren, weil sie sich dadurch dass die Missionen unter dem Schutz der europäischen Mächte standen einen gewissen Schutz erwarben, und bei der chinesischen Verwaltung Vorteile in Steuer-, Geld- und Rechtsangelegenheiten hatten [15].

Andererseits kam es durch die Gründung von christlichen Gemeinden vor allem auf dem Land zu einer Spaltung der traditionellen Dorfgemeinschaften in christliche und nicht christliche Bevölkerungsgruppen. Vielfach konnten die christlichen Gemeinden mit Unterstützung des Gesandten in Peking den Zugang und den Bau von Kirchen fast überall erzwingen. Das führte zu Misstrauen und Zwist unter den Chinesen und begünstigte die Bildung antichristlicher chinesischer Geheimgesellschaften, die sich dem Kampf gegen die Mission und die Christen widmeten.

1879 erreichten die ersten deutschen katholischen Missionare des Ordens Societas verbi divini (SVD) Johann Baptist Anzer aus Bayern und Josef Freinademetz aus Tirol China. Sie erhielten nach längeren Verhandlungen mit dem italienischen Franziskanerorden, dem die Mission in der Provinz Schantung oblag, im Januar 1881 Süd- Schantung als Missionsgebiet zugeteilt. Am 2. Januar 1882 wurde Anzer zum Provikar in Süd- Schantung ernannt, wo der Orden in der Klein-stadt Poli ein Missionshaus errichtete. Im Dezember 1885 wurde Süd Schantung in Rom auf Antrag des Rektors des SVD Arnold Janssen zu einem selbständigen Apostolischen Vikariat erhoben. Der Provikar Anzer wurde im Januar 1886 zum Bischof geweiht und zum Vikar des ersten deutschen Missionsgebietes in China ernannt. 1896 gab es vierzig Steyler Missionare in Süd- Schantung [16].

Im Kiautschougebiet waren neben den katholischen Steyler Missionaren sowie von evangelischer Seite die Berliner Mission und der Evangelisch-Protestanti-sche Missionsverein vertreten. Sie engagierten sich vor allem im Gesundheits- und Bildungsbereich. So wurden 1901 das Faber Hospital sowie 1905 das Kran-kenhaus der katholischen Mission errichtet als Krankenhäuser für Chinesen. Im Bildungsbereich unterhielten die Missionsgesellschaften Knaben- und Mädchen-schulen, Lehrer- und Lehrerinnen Seminare, Kindergärten sowie eine Abend-schule für Handlungsgehilfen und Dolmetschergehilfen. Die Schüler kamen teil-weise aus anderen Provinzen Chinas nach Kiautschou [17].

Anzer stellte seine Mission 1890 unter deutsches Protektorat und deutschen Schutz. Immer wieder gaben Provokationen des Bischof Anzer Anlass für Be-schwerden und Protesten der Chinesen. So der Einzug der Steyler Missionare 1896 nach Yanzhou, das in Nähe des Geburtsortes des Konfuzius, Qufu lag, ein Ort, der den Chinesen heilig war. Die Gefühle der Chinesen interessierte Anzer in seiner Überheblichkeit dabei wenig. Wegen ihrer aggressiven Missionsme-thoden wurde die katholischen Missionare schon bald für die Chinesen zu den bestgehassten von allen Ausländern und eine Mitursache der im Jahre 1900 aus-brechenden Boxer- Unruhen. Typisch für die Überheblichkeit und Arroganz der christlichen Missionare war eine Äußerung von Josef Freinademetz aus Oies, Provikar der Steyler Missionare über die Chinesen [18]:

Die Chinesen sind durchaus kluge Köpfe, selbst der einfache Bauer redet daher wie ein Doktor, beherrscht die vornehmsten Umgangsformen...Was ihnen freilich fehlt, ist das Christentum.

5. Das Bild der Deutschen von China und den Chinesen

Schon vorher hatten sich Deutsche teilweise wenig charmant über die Chinesen geäußert. Während deutsche Jesuitenmissionare im 17. Und 18. Jahrhundert die Chinesen als schöne Menschen, Philosophen und Gelehrte bezeichneten, charakterisierte der Theologe und Philosoph Johann Gottfried Herder in seinen Ideen zur Philosophie der Geschichte der Menschheit [19]:

die Chinesen als einen Volksstamm mit kleinen Augen, einer stumpfen Nase, platten Stirn, großen Ohren und einem dicken Bauch von der Natur begabet: Was diese Organisation hervorbringen konnte, hat sie hervorgebracht, etwas anderes kann man von ihr nicht fordern...Das Reich ist eine balsamierte Mumie, mit Hieroglyphen bemalt und mit Seide umwunden; ihr innerer Kreislauf ist wie das Leben der schlafenden Wintertiere.

In seinem Werk *China, Schilderung aus Leben und Geschichte, Krieg und Sieg* charakterisierte Joseph Kürschner [20] die Chinesen als *Wesen*, bei denen der *mongolische Grundcharakter* überwiegt:

Kindlichkeit, Naivität, Sanftmut. Das Aggressive, Impulsive fehlt diesem Volk gänzlich. Heldengestalten, große Männer der Tat, sind äußerst dünn gesät. In der Tat ist der Grundzug seines Wesens ein an völlige Entäußerung grenzender Sinn für das Praktische, Nützliche, absolut Notwendige...Deshalb fehlt ihm jeder Sinn für das Ideale.

Ferdinand von Richthofen hält die Chinesen für ein recht brauchbares Menschenmaterial, jedenfalls was Charakter und Körperbau anbetrifft, dazu kräftig, ordentlich, fleißig und ausdauernd, *das Ideal einer menschlichen Arbeitsmaschine* [21]. Andere Völker wie die Engländer verspotteten dagegen den Chinesen als drollig-komischen *John Chinamann*, der in schwerfälliger, plumper Kleidung versinkt. Andererseits sprachen sie vom *fremdartig- gefährlichen* Chinesen. Viele Europäer, selbst die christlichen Missionare waren von der *kulturellen Minderwertigkeit* und Dekadenz der Chinesen überzeugt und sprachen verächtlich entsprechend ihrer imperialistisch- rassistischen Farbskala von *den Gelben* und der *gelben Gefahr*.

Mischehen zwischen Deutschen und Chinesen im Pachtgebiet waren unerwünscht. So lautete eine vom Gouverneur im August 1902 herausgegebene Kabinettsorder, dass Ehen mit Chinesinnen und Japanerinnen zu vermeiden seien. Kindern aus derartigen Mischehen wurde kein vollständiger deutscher Status zuerkannt und sie hatten Schwierigkeiten eine deutsche Schule zu besuchen [22].

Was den Charakter der Chinesen angeht, so verfügten viele Chinesen über ein ausgeprägtes Selbstbewusstsein und waren vielfach Realisten und Nützlichkeitsmenschen, der sich als erstes fragt, was bringt die Sache mir für einen materiellen Nutzen. *Was nützt sie mir, diese Frage ist das A und O seines Handelns. Daneben besitzt er einen Hang zur Grausamkeit vor allem gegenüber Tieren, aber auch für seine Mitmenschen. Mitleid und Mitgefühl sind ihm häufig fremd nach der Devise: warum soll ich etwas für meine Mitmenschen tun, China hat*

Menschen genug. Auf der anderen Seite waren die Europäer für die Chinesen *rothaarige, langnasige Barbaren oder Ozeanteufel.* Die für sie verwandten chinesischen Schriftzeichen brauchten sie ansonsten nur für Hunde, Würmer, Ziegen und Schweine [23].

6. Die Ermordung zweier Missionare der Steyler Mission

Den Anlass für die bereits länger geplante Besetzung der Kiautschoubucht sah der Kaiser Wilhelm II. in der Ermordung von zwei deutschen Missionaren der Steyler Mission, der Patres Franz Xaver Nies aus Recklinghausen und Pater Richard Henle aus Stetten am kalten Markt durch Mitglieder der chinesischen Geheimgesellschaft der großen Messer *Ta Tao Hwei* am 1.November 1897 in Zhangjuazhuang im Kreis Juye. Ein weiterer Vorfall war die Verletzung von deutschen Soldaten in Wuchang am 31. Oktober während des Besuches des deutschen Gesandten Heyking bei dem Generalgouverneur der Provinz Hubei/ Hunan. Bei diesem Besuch wurde die Bootsbesatzung der SMS Cormoran, die Heyking nach Wuchang gebracht hatte, an der Landungsbrücke von Einheimischen mit Steinen beworfen [24].

Kaiser Wilhelm II. beschloss daraufhin die deutsche hypervorsichtige, in ganz Ostasien bereits als schwach angesehene Politik aufzugeben und mit voller Strenge und wenn nötig mit brutaler Rücksichtslosigkeit den Chinesen gegenüber zu zeigen, dass der deutsche Kaiser nicht mit sich spaßen lässt und es übel ist, denselben zum Feind zu haben [25].

Zunächst wurde der deutsche Gesandte in Peking Heyking angewiesen, von den Chinesen so hohe Sühneforderungen einzufordern, dass die chinesische Regierung diese nicht erfüllen konnte und damit genügend Zeit für die Besetzung der Kiautschoubucht zu gewinnen sei. Heyking behauptete gegenüber den Chinesen, dass die beiden Morde von den chinesischen Behörden gestützt, durch eine gut organisierte fremdenfeindliche Bewegung ausgeführt worden und die chinesische Regierung dafür haftbar zu machen sei. Die chinesische Regierung berief sich dagegen darauf, dass die Morde eine Tat von Räubern gewesen sei, die in China vor Gericht zu stellen und zu bestrafen seien.

Am 7. November 1897, noch bevor die chinesische Regierung vom dem Mord erfahren hatte, befahl der deutsche Kaiser Konteradmiral Otto von Diederichs (1843- 1918), dem Chef der in Wusung bei Shanghai liegenden Ostasiatischen Kreuzerdivision bestehend aus den drei Kriegsschiffen S.M.S. Kaiser, Prinzess Wilhelm und Cormoran die Bucht zu besetzen und mit brutaler Rücksichtslosigkeit gegen die Chinesen vorzugehen. Am 14. November 1897 ging ein Landungskorps unter Kapitän zur See Hugo Zeye an Land und besetzte es kampflos, ohne dass ein einziger Schuss fiel. Aufgrund eines Missverständnisses hatten die Chinesen anstatt sich zu wehren, eine Ehrenkompanie zur Begrüßung der Deutschen aufgestellt.

In Deutschland stieß der Einsatzbefehl des deutschen Kaisers auf unterschiedliches Echo. Ablehnend äußerten sich vor allem Staatssekretär von Tirpitz, Reichskanzler Hohenlohe sowie die grauen Eminenzen der deutschen Politik Holstein und Eilenburg, da sie Komplikationen im Verhältnis zu Russland und England befürchteten. Am 15. November billigte der Kronrat in Berlin die Besetzung der Kiautschoubucht. Vor der deutschen Öffentlichkeit wurden die Ereignisse in China zunächst geheim gehalten.

Franzius beschrieb den Vorgang der Besitzergreifung Kiautschous in seinem Buch *Kiautschou, Deutschlands Erwerbung in Ostasien* wie folgt [26]:

Seine Majestät Kaiser Wilhelm II. forderte nicht allein die sofortige Sühne für das Verbrechen, sondern ergriff mit kühner und starker Hand die Gelegenheit zur Beschleunigung der mit China schwebenden Verhandlungen und beseitigte gleichzeitig durch persönliche Verständigung mit dem Kaiser von Russland die einzigen noch vorhandenen ernstlichen Schwierigkeiten. Die jetzt unter dem Kommando des Konteradmirals von Diederichs stehende Kreuzerdivision erhielt den Befehl zur Besetzung der Bucht als Bürgschaft für die Erfüllung der deutschen Forderungen und so gingen S.M.S. Kaiser, Prinzeß Wihelm und Cormoran am 10. November 1897 von Shanghai nach Kiautschou in See. Am 13.November wurde der Zweck der Fahrt auf den Schiffen bekannt gemacht und mit Begeisterung aufgenommen. Endlich war man ja an das Ziel angelangt, das man schon seit Jahren unter den Admiralen Hoffmann und Tirpitz mit Aufbietung aller Kräfte rastlos gesucht hatte und für welches so viele brave Kameraden auf S.M.S. Iltis den Tod gefunden hatten…

Am Sonntag, den 14. November erfolgte die Besitzergreifung. Kaiser und Prinzeß Wilhelm gingen in der kleinen Bucht von Tsingtau vor Anker, um ihre hier an der Brücke landenden Truppen zu decken, während Cormoran in die Bucht von Kiautschou bis zum Hufeisenriff lief, um den chinesischen Truppen vom Norden her in den Rücken zu fallen und besonders die Munitionshäuser zu besetzen. Das aus 30 Offizieren, 77 Unteroffizieren und 610 Mann bestehende Landungskorps war überrascht, am Lande nicht den geringsten Widerstand, sondern eine chinesische Ehrenkompagnie zum Empfang aufgestellt zu finden. Noch überraschter aber waren die 1600- 2000 Mann zählenden Chinesen, als sie plötzlich

ihre Munitionshäuser und -lager von unseren Truppen besetzt sahen, während dem General Chang ein Schreiben des deutschen Admirals überreicht wurde, worin dieser ihn unter Hinweis auf den Anlass zur Besetzung der Bucht aufforderte, seine Truppen innerhalb dreier Stunden abrücken und nach dem 15 Kilometer nördlich gelegenen Dorfe Tsankou marschieren zu lassen. Zur Wahrung der militärischen Ehre durften die Truppen ihre Gewehre mitnehmen, die Geschütze und die Munition müssten aber vorläufig zurückbehalten werden. Von den Waffen würden die Deutschen nur dann Gebrauch machen, wenn man auf Ungehorsam oder gar Widerstand stoßen würde. Der chinesische General fügte sich nach einigem Besinnen, gegen 12 ¼ Uhr ging seine Flagge auf dem Yamen nieder, und seine Truppen räumten die Lager. Um 2 ¼ Uhr wurde mit drei Hurras auf seine Majestät dem Kaiser im Ostfort die deutsche Flagge gehisst.

Hierauf erließ der Geschwaderchef folgende Proklamation:

Ich der Chef des Kreuzergeschwaders, Konteradmiral von Diederichs mache hiermit bekannt, dass ich auf Allerhöchsten Befehl Seiner Majestät des Kaisers die Kiautschoubucht und die vorliegenden Inseln in den nachbezeichneten Grenzen besetzt habe. Dies geschieht, um Bürgschaft zu haben für die Erfüllung der Sühneforderungen, welche an die chinesische Regierung wegen der Ermordung deutscher Missionare in Schantong gestellt werden müssen.

Ich fordere hiermit alle Bewohner, ohne Unterschied des Standes, Geschichte und Lebensalters auf, ruhig wie bisher ihren Geschäften nachzugehen und sich nicht durch böswillige Gerüchte, die von Unruhestiftern ausgesprengt werden, aufregen zu lassen. Deutschland ist immer ein guter Freund Chinas gewesen, wie es ja auch durch die Intervention im chinesisch- japanischen Krieg zum Schutze Chinas bewiesen hat.

Die Besetzung ist durchaus nicht als feindliche, gegen China gerichtete Handlung anzusehen; es wird dadurch im Gegenteil die Erhaltung der freundschaftlichen Beziehungen zwischen Deutschland und China erleichtert werden. Die deutschen Behörden werden die friedlichen Bürger in ihrem Handel und Wandel schützen und Ruhe und Ordnung aufrechterhalten, aber Übeltäter streng nach den geltenden chinesischen Gesetzen bestrafen.

Sollten Ruchlose etwas gegen die anwesenden Deutschen unternehmen, so verfallen sie den strengen, deutschen Kriegsgesetzen. Ich ermahne daher nochmals alle, die es betrifft, sich in die deutsche Schutzherrschaft zu fügen und sich nicht durch Widersetzlichkeit, die doch nutzlos sein würde, Unannehmlichkeiten zuzuziehen. Die chinesischen Behörden und Beamten in den von deutschen Truppen

besetzten Orten sollen ungestört in Tätigkeit bleiben und gewissenhaft und ordentlich ihre Amtspflichten erfüllen. Jeder lese und gehorche…..
Die deutsche Regierung stellte daraufhin an China folgende Forderungen [27]:

1. Es werden nicht nur die Mörder der Missionare dem Verbrechen entsprechend bestraft, sondern auch der bisherige Gouverneur der Provinz Schantung Li Peng Chang, abgesetzt und ihm die Befähigung abgesprochen, je wieder ein hohes Amt zu bekleiden. Sechs andere obere Beamte sollen versetzt und bestraft werden.

2. Für den der katholischen Mission und ihren Angehörigen erwachsenen Schaden erhält dieselbe eine Entschädigung von 3000 Taels.

3. Zur Sühne für den Tod der Missionare sollen 3 Kirchen errichtet und mit einer kaiserlichen Schutztafel versehen werden, nämlich in Tsining, in Tsantschoufu und in dem Ort der Tat Tschangtschuan, außerdem 7 sichere Wohnhäuser für Missionare. Für jede Kirche sind 66000 Taels anzuweisen.

4. Zum Schutze der Missionare soll ein besonderes kaiserliches Edikt veröffentlicht werden.

5. Die Abschließung eines Pachtvertrages. Es folgt der Wortlaut eines Entwurfes für einen Pachtvertrag.

6. Die chinesische Regierung gestattet den Bau einer Eisenbahn von Kiautschou aus zunächst nordwärts und dann westwärts bis zum Anschluss an das projektierte chinesische Eisenbahnnetz. Die Bahn soll so gelegt werden, dass sie namentlich die im Norden und Westen von Kiautschou belegenen Kohlenfelder von Weih-sein, Poschian und Ischoufu aufschließt. Die Ausbeutung dieser Kohlefelder soll deutschen Unternehmern zugestanden werden. Die chinesische Regierung verpflichtet sich, der zu bildenden Eisenbahngesellschaft mindestens ebenso günstige Bedingungen zu gewähren, wie sie irgendeine andere Europäisch-chinesische Eisenbahngesellschaft in China erhalten hat.

Die chinesischen Reaktionen auf die Besetzung der Bucht bestanden zunächst darin, dass man versuchte die Schuldigen am Mord der beiden Missionare zu ermitteln und zu bestrafen. In Peking hoffte man durch die Bestrafung der Mörder und Zahlung einer Entschädigung an die Mission weiteren Schaden abzuwenden. Einige Regierungsmitglieder drangen jedoch auf eine militärische Auseinandersetzung mit den Deutschen in der Hoffnung durch die der dadurch ausgelösten Solidarität aller Chinesen das chinesische Reich zu stärken. Die Mehrheit in der Regierung wollte jedoch zum gegenwärtigen Zeitpunkt kriegerische Auseinandersetzungen vermeiden. Sie strebten eine Politik der Ausbalancierung der Interessen der europäischen Großmächte in China an. Eine dritte Gruppe war gegen jede Bündnispolitik, da sie befürchtete jede Hilfe anderer Mächte mit chinesischen Gegenleistungen zu bezahlen. Sie lehnten deshalb jede Form der Anlehnung an ausländische Bündnispartner strikt ab [28].

Die chinesischen Medien reagierten zumeist empört und entsetzt auf die Gewaltanwendung Deutschlands und hofften, dadurch die deutschen zu einem friedlichen Abzug bewegen zu können. Auch in Deutschland stieß die Militäraktion nicht auf ungeteilte Zustimmung. Kaiser Wihelm II. sah in der Aktion innenpolitisch als Erfolg seines persönlichen *Neuen Kurses* und als erste Bestätigung des neugeeinten und neuerstandenen Deutschen Reiches in seinen überseeischen Aufgaben. In ähnlicher Weise bezeichnete Bülow vor dem Reichstag Kiautschou als *Deutschlands Platz an der Sonne*. Er sah in der Aktion die Förderung der wirtschaftlichen Interessen, die Wahrung des internationalen Ansehens Deutschlands und den Schutz der Mission in China. Kritik gab es insbesondere von Politikern der Liberalen, der Freisinnigen Partei im Reichstag sowie von der Sozialdemokratischen Partei und der Arbeiterbewegung, nach denen einzig allein die Wirtschaft und der Handel durch entsprechende Profite Nutznießer der Militäraktion seien. Bei den danach zur Beilegung des Konfliktes zwischen China und Deutschland aufgenommenen Verhandlungen wurde am 15. Januar 1898 offiziell der Missionszwischenfall beigelegt.

7. Der Kiautschou- Pachtvertrag

Am 6. März 1898 pachtete das Deutsche Reich die Kiautschoubucht für 99 Jahre von der chinesischen Regierung. Zur Vermeidung von Konflikten erkannte China eine 50 Kilometer breite neutrale Zone um das Pachtgebiet an. Diese Zone wurde zum deutschen Einflussgebiet, in dem sich die Deutschen frei bewegen und die Chinesen in ihrer zivilen und militärischen Handlungsfreiheit eingeschränkt waren. Außerdem wurde dem Deutschen Reich in dem Vertrag ein 30 Kilometer breiter, 400 Kilometer langer Korridor für Bergwerks- und Eisenbahnkonzessionen zugesichert. Die Provinz Schantung verpflichtete sich, bei Bedarf an Kapital, Material und fremden Experten deutschen Angeboten Prioritätsrechte einzuräumen.

Die im Pachtgebiet wohnenden Chinesen blieben chinesische Staatsbürger, soweit sie sich den Gesetzen und der Ordnung entsprechend verhielten. Sie hatten Anspruch auf deutschen Schutz und unterstanden der deutschen Gerichtsbarkeit. Sollte die Erwerbung zu irgendeinem Zeitpunkt den deutschen Erwartungen nicht mehr entsprechen, so verpflichteten sich die Chinesen den Deutschen alle

vor Ort gemachten Aufwendungen zu ersetzen und ihnen im Tausch ein besser geeignetes Gebiet abzutreten. Zugleich wurde der Mord an den beiden Steyler Missionaren Nies und Henle durch Zahlung von 600.000 Reichsmark an den Orden gesühnt, der das Geld zum Bau von Kirchen und Missionsstationen verwandte. Inhaltlich gliedert sich der Vertrag in zwei Teile, in Teil I, den Gebietsübergang sowie die Teile II und III die wirtschaftlichen Konzessionen im Hinterland.

Unter dem Gebietsübergang wird in Artikel I die Schaffung einer 50 Kilometer (100 Li) Zone von dem eigentlichen Pachtgebiet getrennt. In diesem Bereich hatte die chinesische Regierung die vorherige Zustimmung der Deutschen zu gewissen Maßnahmen einzuholen und musste auch selbständige Handlungen der deutschen Regierung, z.B. zur Regulierung der Wasserläufe dulden. Bei der Formulierung des Pachtvertrages wurde darauf geachtet, das Pachtgebiet Kiautschou nicht als territoriale Eroberung erscheinen zu lassen, sondern als Zugeständnis Chinas für den Handel und die Kultur Deutschlands in China.

Nach dem Pachtvertrag blieben die 275 Dörfer im Kiautschougebiet China weiterhin unterstellt und alle dort lebenden Chinesen behielten ihre chinesische Staatsangehörigkeit. Der Vertrag sicherte den Deutschen zusätzlich einen 30 Kilometer breiten, 400 Kilometer langen Korridor für Bergwerke und Eisenbahnkonzessionen zu. Die Stadt Kiautschou, nach dem das Pachtgebiet seinen Namen erhielt, lag nicht im Pachtgebiet, sondern in der neutralen Zone. In Deutschland und im übrigen Europa wurde der Pachtvertrag zum Meisterwerk deutscher Diplomatie erklärt. In China wurde er demgegenüber als gravierende Demütigung empfunden. Nach Abschluss des Kiautschou Vertrages verkündete der deutsche Kaiser Wilhelm II. voller Stolz:

Tausende von Christen werden aufatmen, wenn sie des Kaisers Schiffe in ihrer Nähe wissen werden. Hunderttausende von deutschen Kaufleuten werden aufjauchzen in dem Bewusstsein, dass endlich das Deutsche Reich festen Fuß in Asien gefunden hat. Hunderttausende von Chinesen werden erzittern, wenn sie die eiserne Faust des Deutschen Reiches schwer in ihrem Nacken fühlen werden.

III. Der Aufbau Kiautschous zu einer Musterkolonie

1. Die Umsetzung des Pachtvertrages

Am 27. April 1898 wurde ein Vertrag ratifiziert, durch den Deutschland die Bucht offiziell unter seinen Schutz stellte, mit dem Ziel auf diesem Gebiet eine Musterkolonie zu errichten. In dieser Musterkolonie sollten großzügige Anlagen und Einrichtungen auf dem neuesten Stand der Technik geschaffen werden. Zur Kolonie sollten insbesondere saubere asphaltierte Straßen, ein moderner Hafen mit Werft, ein Observatorium, eine Hochschule, Krankenhäuser sowie ein Lazarett mit bakterologischen Laboren und ein Flugplatz gehören. Diese Musterkolonie sollte ein Symbol der deutschen Form des Kolonialismus sein [29]. Zu diesem deutschen Schutzgebiet gehörten im Einzelnen [30]:

- Ein Landzipfel, der die Kiautschoubucht nach Osten vom Gelben Meer trennt. Auf diesem lag Tsingtau. Es war mit 462 qkm Größe der Hauptteil.

- ein kleines, nur 47 qkm großes Stück auf dem gegenüberliegenden Ufer links vom Eingang der Bucht.

- fünf größere und einige kleinere Inseln, in und vor der Bucht zusammen 44 qkm.

- die ganze Wasserfläche der Kiautschoubucht bis zur Hochwassergrenze. Die Bucht ist 560 qkm groß, 2 qkm größer als der Bodensee. Somit umfasste das Pachtgebiet ohne die Wasserfläche der Bucht insgesamt 560 qkm Land.

Nach der Besetzung des Kiautschou Gebietes und dem Abschluss des Pachtvertrages ging es für die Deutschen darum eine effektive Verwaltung aufzubauen. Der Verwaltungsaufbau sollte in der ersten Phase durch eine enge Zusammenarbeit der Verwaltung im Mutterland Deutschland mit der Verwaltung in der Kolonie erfolgen. Ab 1898/ 1899 ging es in der zweiten Phase darum, vor Ort entsprechend den in Berlin getroffenen Entscheidungen im Kiautschougebiet geeignete Apparate und Institutionen zu schaffen, um mit der Planung konkreter Projekte beginnen zu können. In einer dritten Phase sollte die chinesische Bevölkerung und deren Interessen stärker in dem Aufbau und der Struktur der Kolonialverwaltung berücksichtigt werden [31].

In der Kolonialverwaltung spielten von Anfang das Militär, insbesondere die Marine sowie deren Verwaltungs-, Umgangs- und Lebensformen eine wichtige Rolle. Die wichtigsten Beamtenpositionen waren von Marineangehörigen und Marineoffiziere besetzt. Dagegen gab es vom Auswärtigen Amt keine Einwände.

Der Aufbau Kiautschous zur modernen Musterkolonie erfolgte genau nach den Planungen und Vorgaben der Marineführung. Alle für einen Dienst in Kiautschou vorgesehenen Angehörigen der Marine- Landtruppenteile erhielten ihre Grundausbildung ab 1900 in Cuxhaven, ab 1909 zusammengefasst im Komplex der Kiautschou- Kasernenanlage. Es handelte sich um die Angehörigen des III. Bataillons der Seewehr [32].

2. Der Aufbau der Kolonialverwaltung Kiautschous 1898- 1900

Mit der Erklärung Kiautschous zum kaiserlichen Schutzgebiet am 27.4.1898 wurde das Pachtgebiet zum Mutterland erklärt und damit in rechtlicher Hinsicht den anderen deutschen Kolonien gleichgestellt. Die absolute Schutzgebietsgewalt wurde vom deutschen Kaiser ausgeübt. Es galten damit die Bestimmungen des Schutzgebietsgesetzes (SchGG) vom 17.4.1886. Die Regierungsgewalt war in den Händen der Pachtgebietsverwaltung mit Ausnahme von Haushaltsfragen, die zur Zuständigkeit des Deutschen Reichstages gehörten. Dennoch war die Kolonialverwaltung in der Praxis nicht unabhängig, sondern unterlag in wirtschaftlicher und politischer Hinsicht der minutiösen Aufsicht des Reichsmarineamtes und dem dortigen Staatssekretär Großadmiral Alfred Freiherr von Tirpitz.

Gouverneure der Kolonie waren in zeitlicher Reihenfolge:

Carl Rosendahl	(1898-1899)
Paul Jaeschke	(1899-1901)
Max Rollmann	(1901)
Oskar von Truppel	(1901-1911)
Alfred Meyer- Waldeck	(1911-1914)

Für die in Tsingtau lebende chinesische Bevölkerung wurde 1900 die sogenannte Chinesenordnung erlassen, eine Vielzahl von Verwaltungsvorschriften. Die wichtigsten Vorschriften enthielt Teil C mit den *Vorschriften für die Erhaltung der öffentlichen Ordnung* die auf eine stärkere Kontrolle und Überwachung der Chinesen gerichtet waren. Chinesen mussten zwischen acht Uhr abends und Sonnenaufgang eine Lampe tragen, um leichter zu erkennen und zu identifizieren sein. Darin war z.B. in § 10 der Bau von Wohnungen für Chinesen im europäischen Teil verboten. Auch die Presse und Propagandapolitik wurde durch das Reichsmarineamt vorgegeben und koordiniert. So wurde vor allem alles unternommen, Meldungen aus Kiautschou, die einen unvorteilhaften Eindruck vermitteln könnten wie z.B. Meldungen über Prostitution oder Kriminalität zu unterdrücken [33].

3. Das Rechtswesen und die Gerichtsbarkeit in Kiautschou

Eine wichtige Aufgabe der Kolonialverwaltung stellte die Kontrolle und Überwachung der chinesischen Bevölkerung und der Schutz vor Straftaten durch diesen Bevölkerungsteil dar. Hierzu gehörte vor allem eine strikte Trennung der europäischen und der chinesischen Bevölkerung. Dies beinhaltete sowohl eine räumliche Trennung als auch die Anwendung verschiedener Rechtsordnungen, wobei für die Chinesen das traditionelle chinesische Recht weitergalt. Zivil- und Strafsachen von Chinesen wurden von den Bezirksamtmännern behandelt. Diese wandten bei ihrer Rechtsprechung traditionelles chinesisches Recht an.

Das traditionelle chinesische Strafrecht kannte bei der Rechtsanwendung weder einen Begriff der strafbaren Handlung noch ein bestimmtes Strafmaß für ein Delikt. Die hauptsächliche Strafform im chinesischen Strafrecht war die Prügelstrafe. Schwere Fälle von Vergehen und Verbrechen wurden vor dem Kaiserlichen Gericht verhandelt. Dieses war auch für die Berufung gegen Urteile der Bezirksämter zuständig [34]. Die Gerichtsgewalt wurde durch das Kaiserliche Gericht in Tsingtau ausgeübt. Berufungen gegen Urteile dieses Gerichtes waren bis 1907 beim Konsulargericht in Shanghai möglich, ab 1.1.1908 fielen Berufungsverfahren in die Zuständigkeit eines Gerichtes zweiter Instanz in Tsingtau.

In den vom Amtsgericht zu entscheidenden Sachen entschied ein Richter als Einzelrichter. In Strafsachen entschied das Schöffengericht mit einem Richter und zwei Beisitzern, welche die deutsche Staatsangehörigkeit haben mussten. Das gleiche galt für Beschwerden gegen Entscheidungen des Einzelrichters sowie in erstinstanzlichen Zivilsachen, die in die Zuständigkeit des Landgerichts fielen. Mit vier Beisitzern entschied das Gericht, bei der Anklage wegen eines Verbrechens oder schweren Vergehens sowie als Obergericht bei Berufungen und Beschwerden gegen erstinstanzliche Entscheidungen [35].

Bei der Rechtsprechung gegenüber Chinesen wirkten in Sonderfällen, so beim Schlichten streitiger Handelssachen und Fragen des chinesischen Familien und Erbrechtes über das Chinesenkomitee, Laien mit. Dadurch sollte die Gouvernementsverwaltung entlastet und verhindert werden, dass deutsche Behörden in rein interne chinesische Auseinandersetzungen verwickelt wurden. Insoweit galt der Grundsatz, dass in allen Angelegenheiten, welche nicht unmittelbar Interessen der deutschen Kolonialmacht berührten, sich die chinesische Bevölkerung nach Möglichkeit selbst verwalten sollte. Bei der Gerichtsbarkeit für Europäer und gemischte Sachen galt die Konsulargesetzgebung. Dabei wirkten die jährlich durch den Oberrichter mit Zustimmung des Gouverneurs für die Dauer eines Geschäftsjahres ernannten Beisitzer mit [36]. Die Zweiteilung des Rechtssystems für

Europäer und Chinesen sowie die Anwendung der Prügelstrafe gegen Chinesen stieß nicht nur in den chinesischen Medien, sondern teilweise auch in der deutschen Öffentlichkeit auf Kritik [37].

4. Die Bodenpolitik und Landordnung

Nach der Erklärung von Kiautschou zum Schutzgebiet erwarb die Kolonialverwaltung für ihre eigenen Zwecke Land, um dort die notwendigen Bauten anzulegen. Sie bezahlte dafür den ortsüblichen, angemessenen Bodenpreis. Darüber hinaus wurde der einheimischen Bevölkerung verboten ohne Genehmigung der Kolonialverwaltung Land zu verkaufen. Es durfte damit niemand direkt von Chinesen Land kaufen, sondern nur von und über das Gouvernement. Der von der Kolonialverwaltung geplante Ankauf von Boden scheiterte anfänglich an dem Fehlen der für den Ankauf notwendigen Geldmittel. Außerdem waren vielfach die Eigentumsverhältnisse mangels Parzellierung unklar, zudem hatte die Verwaltung keine konkreten Pläne, welche Flächen sie benötigte. Vielfach begnügte sich die Verwaltung mit einem Vorkaufsrecht.

1898 wurde die Tsingtauer Land- und Steuerordnung erlassen. Federführend war damals Dr. Wilhelm Schrameyer, der bereits seit 1881 in China war und seit Dezember Experte und Ratgeber beim Erwerb von chinesischen Grundstücken war. Um den Missbrauch von Boden und das Eindringen von ausländischen Spekulanten zu verhindern, bestimmte die von Schrameyer konzipierte Landordnung, dass nur das Gouvernement das Recht hatte, von den Chinesen Land zu bestimmten Kaufpreisen zu erwerben, die dem Verkehrswert des Landes vor Inkrafttreten des Kiautschou- Pachtvertrages entsprach zuzüglich eines angemessenen Aufschlages. Die Kaufpreise orientierten sich an den Kaufpreisen von Land, die vom General Zhang in den Jahren 1891 bis 1897 für den Aufbau seiner Garnison gezahlt wurden.

Innerhalb des Stadtbebauungsplanes und an allen Plätzen, wo feste Wohnviertel entstanden, z.B. im Lauschangebirge, wurde von der Kolonialverwaltung Land verkauft. Der Verkauf hatte nach der Landordnung unter folgenden Bedingungen zu erfolgen:

- durch öffentliche Versteigerung zu vollem Eigentum unter Eintragung in das Grundbuch mit dem Recht der Weiterveräußerung.

- eine Grundsteuer in Höhe von 6 % des Verkaufswertes nach Abzug aller Verbesserungen war zu entrichten.

- eine direkte oder indirekte Wertzuwachssteuer in Höhe von 33 ½ % wurde beim Eigentumswechsel durch Verkauf oder Erbgang oder, soweit das Eigentum nicht wechselte nach 25 Jahre vom Eigentümer zu zahlen.

-Vorkaufsrecht des Fiskus bei allen Landverkäufen. Hierdurch sollte die Angabe zu niedriger Preise verhindert werden,

-Bebauungspflicht, bei Nichtausführung progressive Steuererhebung.

Der Landverkauf bzw. -kauf lief in der Praxis in mehreren Schritten im Einzelnen wie folgt ab [38]:

In einem ersten Schritt kaufte das Gouvernement den Bauern von neun Dörfern in einem Gebiet von 20 Quadratkilometer, wo die neue Stadt Tsingtau nebst Hafenanlagen entstehen sollte, Häuser und Land ab. Dabei sicherte sich das Gouvernement zunächst das Vorkaufsrecht, indem man den Bauern für zwei Jahre den Grundsteuerbetrag auszahlte. Bis zum Erlass eines Stadtentwicklungskonzeptes und einer Bauordnung und des Beginns der Bebauung des Gebietes gestattete man den Bauern ihre Äcker weiterhin zu bewirtschaften. Danach kaufte vor Beginn der Bebauung das Gouvernement die jeweiligen Grundstücke von den Bauern zu einem Kaufpreis, den sie vorher mit den Ortsvorständen festlegten. Am 2. September 1898 trat der erste Bebauungsplan in Kraft.

Im zweiten Schritt verkaufte das Gouvernement Grundstücke an europäische oder chinesische Privatleute und Firmen im Rahmen einer Versteigerung, bei der der Meistbietende den Zuschlag erhielt. Für den neuen Eigentümer bestand eine Bebauungspflicht. Kam er dieser nicht nach so stieg seine jährlich zu entrichtende Bodenwertsteuer von 6 % auf 24 %. Erfolgte daraufhin die Bebauung, so sank die Bodenwertsteuer wieder auf 6 %. Beim Verkauf eines Grundstücks mit Gewinn hatte der Verkäufer auf das Entgelt eine Bodenwertzuwachssteuer zu zahlen [39].

Durch die Landordnung von Kiautschou wurde jede Bodenspekulation und jeder Bodenwucher dadurch ausgeschlossen, dass jeder Kauf oder Verkauf von Ländereien im Kiautschougebiet an die Genehmigung des Gouvernements gebunden war. Die Landordnung unterschied im Einzelnen zwischen Grundstücken, die innerhalb und solchen, die außerhalb des allgemeinen Stadtbebauungsplanes lagen [40]. Außerhalb des Stadtbebauungsplanes belegene Grundstücke konnten zur Anlage gemeinnütziger oder dem allgemeinen Interesse dienenden Anstalten oder wirtschaftlichen Unternehmungen wie Eisenbahnen, Missionsanstalten, Gärtnereien jederzeit kauf- oder pachtweise vergeben werden. Für die beiden

Chinesenstädte Taitungtschen und Taihitschen wurden Grundstücke in Form des Erbbaurechtes vergeben. Im Februar 1898 begann die Kolonialverwaltung mit dem Ankauf von Ländereien für das Stadtgebiet von Tsingtau. Bis 1905 kaufte die Kolonialverwaltung insgesamt 2288 Hektar für insgesamt 1 Million Mark. Es bestand eine gewaltige Differenz zwischen den Preisen, welche die Kolonialverwaltung den früheren chinesischen Eigentümern bezahlte und den Erlösen, welche die Kolonialverwaltung bei einer späteren Versteigerung der Ländereien erzielte. Dadurch kam es häufig zu Protesten der chinesischen Bauern gegen die sehr niedrigen Preisen.

Eigentümer, die sich weigerten, Land an die Kolonialverwaltung zu verkaufen wurden kurzerhand enteignet. In vielen Fällen wurden ihnen durch den Verkauf ihrer Ländereien ihre wirtschaftliche Grundlage entzogen, so dass sie gezwungen waren, sich als abhängige Arbeitskräfte zu verdingen. Den zuziehenden chinesischen Arbeitern sowie den enteigneten Bauern stellte die Kolonialverwaltung bei der Errichtung der Chinesenstädte das erforderliche Land in Erbbaurecht zur Verfügung. Das Land wurde zum Zwecke der Bebauung mit Wohnhäusern an private Bauunternehmen verpachtet. Die Kolonialverwaltung verpachtete auch Land zu gärtnerischen Anlagen und als Lagerplätze.

5. Die Steuerordnung

Zugleich mit der Landordnung wurde am 2.September 1898 auch eine Steuerordnung erlassen. Diese gab dem Gouverneur die Macht zur Beitreibung der Steuern und der zur Führung der Kolonialverwaltung benötigten finanziellen Mitteln. Die Steuerordnung basierte auf dem Reichsgesetz betreffend Einnahmen und Ausgaben der Schutzgebiete vom 30.3.1892. Danach waren alle Einnahmen und Ausgaben der Schutzgebiete für jedes Jahr zu veranschlagen und auf den Etat zu bringen, der von Beginn durch Gesetz festgestellt wurde.

Die Schutzgebietsverwaltung hatte dafür zu sorgen, dass die Mittel aufgebracht wurden und hatte die dafür erforderlichen Verordnungen zu erlassen. Daneben diente die Steuerpolitik auch in den Kolonien dazu, bestimmte wirtschaftliche- und sozialpolitische Ziele zu verfolgen. Im Pachtgebiet wurden nur eine Grund- und Zuwachssteuer sowie eine geringe Hundesteuer als direkte Steuern erhoben. Indirekte Steuern waren der tarifmäßige chinesische Zoll sowie Steuern auf Alkohol und auf Pfannensalz bei der Ausfuhr und beim Verbrauch zu gewerblichen Zwecken sowie eine Gebühr für die Nutzung des Hafens [41]. Die Grundsteuer zerfiel in die ländliche und die städtische Steuer, ergänzt wurde sie durch die Zuwachssteuer. Bemessungsgrundlage für die Grundsteuer waren die Nutzungswerte des Bodens, wobei die Steuersätze in drei Klassen eingeteilt wurden. Bei einem Einheitsmaß von 921 qm schwankte die Steuer zwischen 70 und 45 Pfennigen jährlich [42]. Neben dieser Grundsteuer musste die chinesische Landbevölkerung insgesamt noch jährlich 30.000 Mark für die Unterhaltung und Verbesserung der Infrastruktur, d.h. von Brücken, Fähren, Brunnen, Schulen, Feuerlöschgeräte, Friedhöfe aufbringen. Für alle vom Fiskus verkauften und in das städtische Grundbuch eingetragenen Grundstücke war vom Erwerber eine Steuer in Höhe von 6 % des Grundstückswertes zu zahlen.

Als indirekte Steuer galt der Zoll, der anfangs nur auf Opium zu zahlen war. Die Kontrolle und Verzollung oblag dem chinesischen Zollamt im Schutzgebiet. Außerdem wurde noch für Opiumschenken eine Gebühr sowie eine Raucherabgabe von der Kolonialverwaltung erhoben. Damit wollte man das Opiumlaster bekämpfen. Der Anbau von Mohn im Schutzgebiet war verboten. Zollrechtlich wurde das Pachtgebiet ab 1905 seitens der Deutschen wie ein chinesischer Vertragshafen als Ausland betrachtet, so dass die Chinesen die gesamte Einfuhr von Waren und die im Schutzgebiet verbrauchten Waren nach ihrem Zolltarif verzollten. Zur Vermeidung langwieriger Berechnungen hatten die Chinesen pauschal 20 % der Zolleinnahmen aus der Einfuhr vierteljährlich an die Kolonialverwaltung abzuführen.

6. Ausbau Kiautschous zu einem Handels- und Wirtschaftszentrum

Es war von Beginn an ein wichtiges Ziel der deutschen Reichsregierung bei dem Erwerb des Pachtgebietes Kiautschou dieses zu einem bedeutenden deutschen Handels- und Wirtschaftszentrum in Nordchina auszubauen [43]. Dieses Ziel wollte man dadurch erreichen, dass die Kolonialverwaltung Verhältnisse schuf, die große Handelsgesellschaften bewegen würden, sich im Pachtgebiet anzusiedeln.

Eine andere wichtige Voraussetzung war eine Kooperation mit den chinesischen Behörden vor allem in Zollfragen. Mit dem angestrebten Handels- und Wirtschaftszentrum sollte die Kolonie eigene Einnahmen erwirtschaften, um sie von Zuschüssen seitens des deutschen Reiches unabhängig zu machen. Derartige Zuschüsse waren politisch nicht gewollt und im Reichstag schlecht durchsetzbar und auch der deutschen Öffentlichkeit Kiautschou als eine finanziell zu bezuschussende Kolonie nur schwer vermittelbar. Insgesamt schienen der deutschen Regierung folgende Voraussetzungen elementar: Handelsfreiheit, Gewerbefreiheit und Zollfreiheit. Die Handelsfreiheit wurde dadurch verwirklicht, dass der Gouverneur Rosendahl am 2. September 1898 eine Land-, Steuer- und Hafenordnung erließ, in welcher der Hafen von Kiautschou zum Freihafen erklärt wur-

de. Damit konnten Schiffe aller Nationen die Kiautschoubucht anlaufen, um dort Waren zu löschen oder aufzunehmen. Die Gewerbefreiheit erlaubte jedem Unternehmen sich im Pachtgebiet als Handelshaus oder Industriebetrieb zu betätigen. Dazu sollte der Gouverneur eine aktive Politik zugunsten der Handelshäuser und Industriebetriebe betreiben. Als dem ersten Gouverneur Rosendahl dies nicht gelang, wurde er durch den Kaiser Wilhelm II. abgesetzt und durch Paul Jaeschke ersetzt, der vor seinem Amtsantritt besonders auf die wesentliche Bedeutung der wirtschaftlichen Entwicklung für die Kolonie hingewiesen wurde [44].

Eine wichtige Voraussetzung für die wirtschaftliche Entwicklung Kiautschous war eine mit China abgestimmte Zollpolitik. In der entsprechend der Regelung im Pachtvertrag abgeschlossenen Zollübereinkunft wurde zunächst vereinbart, dass Kiautschou den anderen chinesischen Vertragshäfen in Bezug auf die Zollerhebung völlig gleichgestellt würde. Dazu wurde in Tsingtau 1899 ein chinesisches Seezollamt errichtet. Man hoffte dadurch chinesische Kaufleute zur Ansiedlung in Kiautschou zu bewegen. Die Regelung stellte Kiautschou durch Zollfreiheit als Durchgangshafen für den Warenverkehr mit der Schantung Provinz den anderen Vertragshäfen gleich und garantierte darüber hinaus Zollfreiheit für alle Waren, die für Kiautschou bestimmt waren.

Die Hoffnung der Deutschen, in Kiautschou moderne Industrie ansiedeln zu können, erfüllte sich jedoch nicht. Auch eine Belebung des Handels mit der Provinz Schantung blieb weitgehend aus, weil es in der Provinz keine modernen verarbeitenden Industrien und auch keinen Absatzmarkt für teurere europäische Waren gab. Um zumindest den In- und Export von der Schantungprovinz mit anderen chinesischen Handelsplätzen zu verbessern, entschloss sich die deutsche Regierung in 1905 zu einer Revision der Zollübereinkunft von 1899 und die Zollfreiheit von Kiautschou auf den Hafen zu beschränken. Damit entfiel faktisch die bisherige Zollfreiheit für die deutschen Unternehmen.

Im Gegenzug für die Aufhebung der Zollfreiheit erhielt das deutsche Gouvernement einen Anteil der Einnahmen der chinesischen Zollbehörde von pauschal 20 Prozent. Freihafen waren danach nur noch das Gebiet des großen Hafens sowie die sich daran anschließenden Gebiete der Lagerhäuser. Das bedeutete zollrechtlich, dass Waren, die aus Rohstoffen aus dem Hinterland in Tsingtau hergestellt wurden, zollfrei in das Hinterland zurückkehren konnten. Bei der Ausfuhr dieser Waren musste nur ein auf die verarbeiteten Rohstoffe anfallender Ausfuhrzoll bezahlt werden. Wurden die Waren aus Rohstoffen hergestellt, die aus anderen Ländern als China eingeführt worden sind, erhielten diese bei der Wiederausfuhr über See den bei der Einfuhr der Rohstoffe entrichteten Zoll zurück. Waren, die aus Deutschland nach Kiautschou eingeführt wurden, mussten nach der Neuregelung verzollt werden und waren dadurch entsprechend teurer. Die erhobenen Zölle flossen jedoch teilweise in die Kasse des Gouvernements. Neben den Zolleinnahmen hatte die Pachtgebietsverwaltung weitere Einnahmen, die mit dem Hafen und der Wareneinfuhr zusammenhingen, wie z.B. Schifffahrtsabgaben, Lösch- und Ladegebühren. Im Jahre 1906 betrugen diese insgesamt 215.000 Mark [45]. Mit der Revision der Zollübereinkunft stieg die Bedeutung Tsingtaus als Ausfuhrhafen für die südchinesischen Provinzen. Ausgeführt wurden vor allem Obst und Kohl, Seide und Erdnussprodukte. Wichtige über den Hafen von Tsingtau eingeführte Produkte waren Baumwolle, Petroleum, Zucker, Farben und Streichhölzer. Bis 1910 entwickelte sich Tsingtau damit zum viertgrößten Hafen Nordchinas.

Die chinesische Seezollverwaltung war nicht nur für die Erhebung von Zöllen zuständig, sondern hatte darüber hinaus noch verschiedene andere Aufgaben. Sie war zuständig für die Befeuerung der chinesischen Küste, vor allem für Leuchttürme und Feuerschiffe sowie für die Dienste der kaiserlichen Chinesischen Post [46]. Die Einnahmen der Zollverwaltung bildeten deshalb einen der wichtigsten und sichersten Posten im chinesischen Staatshaushalt.

Der steigenden Bedeutung des chinesischen Handels in Kiautschou trug das Gouvernement dadurch Rechnung, dass es die Gründung einer chinesischen Handelskammer in Tsingtau zuließ. In dieser vereinigten sich alle drei in Tsingtau ansässigen chinesischen Kaufmanns- Gilden. Im Vergleich zu dem Handel mit chinesischen Produkten blieb die Einfuhr mit 6 bis 8 Prozent der in Tsingtau umgeschlagenen Handelsprodukte gering. Die Hälfte dieser Lieferungen war für das Gouvernement bzw. für die Eisenbahngesellschaft bestimmt, so dass im Ergebnis nur ca. 3 bis 4 % des Gesamthandels als deutsche Produkte im freien Handel landeten. Damit war das Ziel der deutschen Politik zu einem deutschen Handelszentrum auszubauen und die Provinz Schantung zu einem Absatzgebiet für deutsche Produkte zu erschließen, nicht erreicht worden. Für diesen Misserfolg gaben die deutschen Medien der Administration in Kiautschou die Schuld.

7. Die Bebauung Tsingtaus

Durch die Landordnung vom 2. September 1898 und der Regelung des Ankaufs von Land im Kiautschougebiet schuf die Kolonialverwaltung die Voraussetzungen für den Neubau und die bauliche Gestaltung der Stadt. Insgesamt wurden im Sommer 1898 sechs chinesische Dörfer mit ca. 4500 Einwohnern aufgekauft und nach Aufstellung eines Bebauungsplanes für eine Neubebauung dem Erdboden gleichgemacht. Das Stadtgebiet Tsingtau umfasste die Chinesendörfer

Unter- und Obertsingtau, Klein- und Groß- Pantau, Yangschiatsun, Mengtschia-kou, Taitungtschen, Sautschutan Hueitischien.

Der Bebauungsplan sah für Tsingtau eine sogenannte Zonenbebauung vor, d.h. den Bau von Stadtvierteln mit unterschiedlichen Funktionen. Im Bebauungsplan wurden die Bebauungsdichte und die Bauweise für die verschiedenen Zonen geregelt. Für das europäische Wohn- und Geschäftsviertel galt dabei eine ge-schlossene Bebauung. Für die Chinesenstadt wurde eine Bebauungsdichte von 75 % zugelassen, für das Villenviertel um das Auguste Viktoria Viertel im Südos-ten und für das Europäerviertel waren weiträumigere Bebauungen vorgeschrie-ben. Erster Leiter der Hochbauabteilung in Tsingtau wurde Anfang August 1898 der Berliner Stadtbaumeister Max Knopf, sein Nachfolger war ab 1905 bis 1914 Karl Strasser. Zunächst wurden öffentliche Bauvorhaben vorangetrieben, mit der eine Infrastruktur geschaffen wurde. Hierzu gehörten Hafen, Straßen, Lazarett und Wasserversorgung.

Das größte und wichtigste Bauvorhaben war der Bau des Großen Hafens nach den Plänen des Ingenieurs Georg Franzius. Unter Aufschüttung eines Deiches wurde ein Hafenbecken geschaffen, in dem auch große Dampfer ihre Ladung direkt an der Mole löschen konnten. Der Große Hafen wurde nach fünfjähriger Bauzeit im April 1904 fertiggestellt. Die Kosten beliefen sich auf 26 Millionen Mark.

Weitere öffentliche Bauwerke war die Errichtung des Gouvernementslazarettes, das Sanatorium Mecklenburghaus in den Lauschan Bergen, das 1906 fertiggestellte Gouvernementsdienstgebäude, die Gouvernementsschule, das Wohnhaus des Gouverneurs, Polizeistation und Gefängnis, Gerichtsgebäude, Observatorium, Kraftwerk, Befestigungen, Kasernen, Munitionslager sowie die deutsch- chinesi-sche Hochschule. Alle öffentlichen Gebäude wurden in einem eigenen deutsch-kolonialen, wilhelminischen Baustil errichtet.

Im Unterschied zu den anderen deutschen Kolonien, vor allem die Kolonien in Afrika war Kiautschou keine Siedlungskolonie, sondern eine Kolonie für Leute mit besonderen Fähigkeiten wie Techniker und Kaufleute, bei den Chinesen waren es Kaufleute und Arbeiter, die oft nur saisonal in Kiautschou arbeiteten. Es handel-te sich ausschließlich um Männer, für die mit Dabaodao ein besonderes Vergnü-gungsviertel mit Opiumschenken, Bordellen, Spielstätten etc. geschaffen wurde.

Obwohl in öffentlichen Verlautbarungen des Gouvernements immer nur das gute Einvernehmen und Zusammenleben zwischen Deutschen und Chinesen hervor-gehoben wurde, sah der Alltag vielfach anders aus. Die Chinesen durften nur in eigenen Stadtvierteln, außerhalb des Europäerviertels wohnen. Auch sonst

gab es spezielle Ordnungsvorschriften nur für Chinesen. So mussten sie nach Anbruch der Dunkelheit mit einer Laterne sich in der Öffentlichkeit bewegen, wodurch sie leicht identifizierbar und auszumachen waren. Großadmiral von Tirpitz sprach in seinen Erinnerungen davon, dass Deutschland in der Kiautschoubucht mit großem Zug in kleinem Rahmen beweisen konnte, wozu es imstande ist [47].

Für das Stadtgebiet wurde ein Bebauungsplan erlassen, der handelspolitische und klimatische Gesichtspunkte berücksichtigte. Im Mittelpunkt dieses Planes stand der Hafen, mit der Tsingtau Werft, die an der Westseite der Hafenmole lag. Die Werft war ausgestattet mit einem 16000 Tonnen Schwimmdock und einem 150 Tonnen Kran. Um den Hafen herum erstreckte sich ein Geschäfts- und Handelsviertel mit Schuppen, Speichern, Reedereien, Banken, Zollamt und Geschäftshäuser von Chinesen und Nichtchinesen.

An Banken bestanden in Tsingtau 1913 die Deutsch- Asiatische Bank, die Hongkong & Shanghai Banking Co, die Russisch- Asiatische Bank und die Yokohama Specie Bank, an chinesischen Banken die Schantungbank, die Yütabank und die chinesische Staatsbank.

Durch einen Bergrücken getrennt schloss sich an die Geschäftsstadt die Villenstadt oberhalb der Auguste- Viktoriabucht und dem Badestrand mit den Häuser und Wohnungen der *Weißen* an. Ebenfalls an das Handelsviertel grenzte die Chinesenstadt *Papautau* mit ca. 30.000 Chinesen, den Häusern und Wohnungen besser gestellter Chinesen insbesondere Makler, Geschäftsvermittler, Agenten, Handwerker, Ladengeschäfte.

Die Verwaltung der Chinesenstadt überließ man weitgehend der Selbstbestimmung der Chinesen. Man ließ sie weitgehend nach ihrer chinesischen Art leben, nur die Bauvorschriften und die Straßenpolizei waren streng geregelt und einzuhalten. Selbst ein chinesisches Theater fehlte in der Chinesenstadt nicht.An die Handels- und Chinesenstadt waren zwei Bezirke, der Taitungtsche- sowie der Taisitsche- Bezirk gesetzt mit Unterkünften für chinesische Kulis, Bauarbeiter, Schauerleute, Packträger etc., die im Hafengebiet oder im Handel bzw. bei der Eisenbahn arbeiteten. Das Europäerviertel lag im Süden. Infolge seiner besonderen Lage durch die hinter ihm liegenden Höhenzüge bot es im Winter Schutz gegen die Nordoststürme sowie im Sommer durch die Südbrise vom Meer Schutz gegen die Sommerhitze. Im Norden wurde das Schutzgebiet durch das ca.600 bis 1100 Meter hohe Lauschangebirge abgegrenzt, das nach Süden zur Küste hin mit 150 Metern deutlich flacher wurde. Lauschan bedeutet im Chinesischen *der schwer zu besteigende Berg*. Zu dem Berg führte zu Kolonialzeiten eine breite Fahrstraße. Von Tsingtau war das Lauschangebirge mit seinen

malerischen, zwischen Bäumen gelegenen Dörfern in etwa drei Stunden zu erreichen. An den landschaftlich schönsten Stellen im Gebirge befanden sich taoistische und buddhistische Klöster. Im Lauschangebirge lag das Genesungsheim
Mecklenburghaus, das seinen Namen nach dem Präsidenten der deutschen Kolonialgesellschaft, dem Herzog zu Mecklenburg trug.

Die Bauordnung ließ für den Bau von Gebäuden weitgehend Freiheiten, soweit
sich die Gesamterscheinung der Gebäude dem Charakter des betreffenden
Stadtteils anpasste [48]. Insoweit herrschte eine Großzügigkeit vor. Geprägt war
die Architektur Tsingtaus bis 1905 durch den wilhelminischen Jugend- und Fach-
werkstil, der anschließend von einer eher funktionaleren Gestaltung der einzelnen Gebäude, die an dem Verwendungszweck des einzelnen Gebäudes ausgerichtet war, abgelöst wurde. Kennzeichnend für den Baustil Tsingtaus war die
Granitverkleidung der Gebäude, welche sich als dauerhafter Schutz gegen das in
Tsingtau herrschende Seeklima darstellte. Eines der markantesten Gebäude für
den Baustil Tsingtaus war das stattliche, palastartige Gouvernementsgebäude,
das an einem Hang des Signalberges gelegen war und am 2. April 1906 einge-
weiht wurde. Es kostete insgesamt 850.000 Goldmark.

Nach den Vorstellungen von Tirpitz sollte Kiautschou in ähnlicher Weise wie
Hongkong als das *deutsche Hongkong* als Typus einer reinen Handelskolonie
zum Ausgangspunkt der ökonomischen Durchdringung Chinas werden [49].
Kiautschou sollte eine Musterkolonie werden, eine Vorzeigeprojekt eines spezi-
fischen deutschen Kolonialismus. Durch eine sorgfältige Planung, professionelle
Ausführung und staatliche Überwachung sollte die Kolonie ein Beispiel für
moderne, aufgeklärte, imperialistische Politik sein und sich damit von den kolonialen Stützpunkten angelsächsischer Prägung, die wie Hongkong hauptsächlich
von privaten kommerziellen Interessen getragen waren, positiv unterscheiden.

Aus dem ursprünglichen Fischerort entwickelte sich Tsingtau bis 1914 zu einer
Metropole mit 60.000 Einwohnern, darunter 5000 Europäer sowie im Umfeld von
Tsingtau weiteren 150.000 Chinesen, meist Ackerbauern und Fischer [50]. Von den
deutschen Bewohnern Tsingtaus waren die meisten im Einzelhandel, bei den
staatlichen Unternehmen sowie in der Verwaltung tätig. Daneben bildete auch
das Militär eine zahlungsmäßig starke Gruppe. Militärische Einsätze beschränk-
ten sich auf gelegentliche Einsätze bei der Durchsetzung der Interessen der
christlichen Missionen, Schutzmaßnahmen beim Bau der Schantung Eisenbahngesellschaft sowie beim Boxeraufstand. Viele ursprünglich in Tsingtau wohnende
Chinesen wurden nach Taitungtschen umgesiedelt, einem in der Nähe von Tsingtau entstandenen Musterdorf. Dort befand sich auch die Germania- Brauerei,
die Bier nach Pilsener und Münchener Art braute. Dieses Bier wurde nach al-

len Plätzen Chinas, nach Japan und bis nach Wladiwostock verkauft. Der Hafen wurde zu einem der modernsten in Ostasien ausgebaut. Mit einer Wassertiefe von neuneinhalb Metern konnten selbst größere, tiefgehende Schiffe in Tsingtau im Großen oder Handelshafen mit Schwimmdock, Gleisanschlüssen und zwei Molen für größere Schiffe vor Anker gehen. Küstendampfer, Leichter, Segelschiffe, Sampans und seegängige Schunken ankerten im Kleinen Hafen, der über eine 160 Meter lange eiserne Ladebrücke verfügte. Nach Bau eines 4550 Meter langen Umschließungsdammes war der Hafen vor starken Nordwestwinden geschützt. Für den Hafenbetrieb wurde 1908 eine Verordnung für den Lade-, Lösch- und Lagerhausbetrieb nach dem Muster der Hamburger Hafenbetriebsverordnung erlassen. Im Westen der Stadt lag der Bahnhof, der Ausgangspunkt der Schantung Eisenbahn.

Mitten in der Stadt lag das 1906 bezogene Gouvernementsgebäude, ein schlichter mit grauem chinesischen Sandstein verkleideter Bau, welcher im Volksmund den Namen *das große Tintenfass* hatte. Der Gouverneur selbst wohnte nicht in diesem Gebäude, sondern weiter östlich auf halber Höhe des Diederichs- oder Signalberges. Dieser Berg ist ca. 100 Meter hoch. Von ihm hat man den besten Blick auf die Stadt und das Hafengebiet Tsingtaus. Seinen Namen hatte der Berg von Admiral von Diederichs, der Tsingtau besetzt hatte.

Vom Gouvernementsgebäude verlief die Wilhelmstraße hinunter bis an den Strand. Dort am Strand stand ein Obelisk, das Jäschke Denkmal, ein Denkmal zu Ehren des zweiten 1901 in Tsingtau gestorbenen Gouverneurs. Am Strand entlang zog sich das Kaiser- Wilhelm Ufer, an dem Hotels, die Deutsch- Asiatische Bank, die Gebäude der Schantung- Bergbaugesellschaft sowie der Kiautschou Leichtergesellschaft lagen sowie das kaiserlich- chinesische Seeamt und die Geschäftshäuser der großen deutschen und chinesischen Firmen [51].

Folgte man vom Gouvernementsgebäude dem Hohenloheweg in Richtung Chinesenstadt so lag auf einer Anhöhe das massive Gebäude der katholischen Mission wie eine Burg. Erbaut wurde das Gebäude vom 1902 verstorbenen katholischen Bischof Anzer, ein Mann der sich unermüdlich für seinen Glauben einsetzte, gleichsam kämpferisch mit einem Kreuz in der einen sowie einem Schwert in der anderen Hand [52]. Der festungsartige Charakter des Missionsgebäudes machte es geeignet als Zufluchtsort für bedrohte Europäer und chinesische Christen bei einem etwaigen Aufstand. Dem Missionsgebäude angeschlossen war das Chinesenhospital. In der Nähe der katholischen Mission befand sich auch das Seemannshaus mit Restaurationsräumen sowie Schreib- und Lesezimmern, in denen Matrosen und Soldaten Erholung und Ruhe finden konnten. Vom Gouvernementsgebäude nach Osten zweigte der Diederichsweg ab, der zur breiten

Bismarckstraße führte. Oberhalb vom Diederichsweg lag das Gouvernementslazarett, in dem kranke Garnisonsmitglieder und in Tsingtau lebende Europäer von europäischen Ärzten ärztlich betreut wurden. Unterhalb an der Bismarckstraße in Richtung Strand erhoben sich die evangelische Kapelle und die Gouvernementsschule mit Aula, Physikzimmer, Zeichensaal, Modellkammern und 12 Klassenzimmern.

Ganz in der Nähe der Gouvernementsschule lag der alte Tempel von Tsingtau, welcher der Himmelsgöttin *Tien- Hu*, die zugleich die *Göttin der See* ist, geweiht war. Diese Göttin wurde nicht nur von den Seeleuten, sondern von der Landbevölkerung Tsingtaus allgemein verehrt. Nach dem Volksglauben ist die Göttin ursprünglich eine Wahrsagerin gewesen. Nach dem plötzlichen Tod ihres Vaters stürzte sie sich ins Meer. Nach ihrem tragischen Ende errichtete man an dieser Stelle, wo sie den Tod gefunden hatte, ihr zu Ehren den Tempel.

Kurz darauf soll ein fahrender Kaufmann bei Nacht und hohem Seegang in der Nähe des Tempels dadurch vom Tod gerettet worden sein, dass eine vom Himmel leuchtende Lampe ihm den richtigen Weg durch die Klippen gewiesen hatte. Das Licht soll von der Stelle des Tempels geleuchtet haben. Seit dieser Zeit wurde die Göttin auch als Schutzgöttin der Seeleute verehrt. Man glaubt, dass die Göttin in besonders stürmischen und dunklen Nächten eine Lampe vom Himmel leuchten lässt, um in Seenot geratene Schiffe vor Gefahr zu bewahren. Über dem Tempeleingang hingen zwei Tafeln mit Inschriften:

Rings auf dem Meer gewähre sie günstige Wolken

Neben diesem Tempel war das Yamen, das alte Verwaltungsgebäude Tsingtaus ein Überbleibsel der alten Stadt. Bevor die Deutschen kamen, wohnte hier ein chinesischer General. Die Deutschen übernahmen das Gebäude und machten es zum Sitz der Verwaltung bis das neue Gouvernementsgebäude gebaut wurde. In der Nähe des Yamen lagen weiterhin die Bismarckkasernen, die aus gelben Backsteinen gebaut waren und geräumige staatliche Wohnungen für die Matrosenartillerie beinhalteten.

Aus dem ehemaligen Fischerdorf Tsingtau wurde innerhalb kurzer Zeit eine moderne und gesunde Stadt mit einer modernen Trinkwasseranlage, Strom- und Abwasserversorgung. Dazu wurden strenge hygienische Vorschriften zum Warenverkauf bis zur Straßenreinigung und Abwasserbeseitigung erlassen, Straßen wurden gepflastert und das Straßennetz auf die ländlichen Gebiete ausgeweitet.

IV. Die weitere Entwicklung des Kiautschougebietes

1. Die Geschichte Kiautschous von 1899- 1905

Gouverneur Jäschke gründete am 14.6.1899 die Schantung Eisenbahngesell-schaft sowie am 10.10.1899 die Schantung Bergbaugesellschaft. In der Folgezeit erwies Jäschke sich bei den Boxerunruhen als geschickter Taktiker und Diplomat. Er starb jedoch bereits nach zweijähriger Dienstzeit, am 27.1.1901 in Tsingtau. Sein Nachfolger wurde Kapitän zur See von Truppel, der den Gouverneursposten bis zum 19.8.1911 innehatte und unter welchem die Kolonie einen enormen Aufschwung nahm.

1898 eröffnete in Tsingtau eine deutsche Postagentur. Seit 1899 gab es eine 14- tägliche Postdampferverbindung nach Shanghai. Am 1. Juni 1899 wurde ein Stadtfernsprechdienst eröffnet. Im Dezember 1900 wurde Tsingtau an das Welttelegrafennetz durch die deutschen Kabel Shanghai- Tsingtau und Tschifu-Tsingtau angeschlossen.1901 wurde die erste deutsche Kolonialbriefmarke mit einem Schiffsmotiv eingeführt. Am 17.Juni 1907 gab die Deutsch- Asiatische Bank in Tsingtau eigene Banknoten aus.

In den Jahren 1899 und 1900 entsandte der deutsche Gouverneur Paul Jaeschke Strafexpeditionen nach Rizhao und Gaomi. Beide Orte lagen innerhalb der 50 Kilometerzone, in der dem Deutschen Reich nach dem Pachtvertrag vom 6. März 1898 ein freier Durchmarsch seiner Truppen erlaubt und ein Mitsprache-recht bei der Verwaltung des Gebietes, insbesondere bei Fragen der Flussregu-lierung eingeräumt worden war. Für die chinesische Seite war die Zone reguläres chinesisches Hoheitsgebiet, in dem die Deutschen lediglich in Absprache mit den zuständigen chinesischen Behörden die Möglichkeit des Truppendurchmarsches und der Mitwirkung bei Flussregulierungen gegeben wurde. Das Deutsche Reich interpretierte den Vertragstext demgegenüber militärisch- machtpolitisch, was zu mehreren gewaltsamen Konflikten zwischen China und dem Deutschen Reich führte [53].

Im Fall Rizhao griff das Deutsche Reich anlässlich eines Übergriffes auf einen deutschen Missionar ein, in Gaomi richtete sich der chinesische Widerstand gegen den deutschen Eisenbahnbau, durch den die Chinesen lebenswichtige Bewässerungssysteme der chinesischen Dörfer im Hinterland als gefährdet an-sahen. Die beiden Konflikte führten dazu, dass chinesische Bauern sich bewaff-neten und sich gegen das Vordringen der deutschen Truppen zur Wehr setzten. Außerdem hatten diese Aktionen Einfluss auf die sich zeitgleich ausbreitende Boxerbewegung in Nord- Schantung.

Der Vorfall in dem Dorf Jietou in der Nähe der Stadt Rizhao richtete sich gegen chinesische Christen, die Steyler Missionsstation sowie den deutschen Missionar Stenz, der 1898 für drei Tage gefangen genommen und misshandelt wurde.

Aus Süd- Schantung kam die Nachricht, dass die dort vorgenommenen Vermessungen und Probebohrungen deutscher Bergbauingenieure empfindlich durch chinesische Aktivisten gestört werden. Das Gouvernement beschloss daraufhin durch eine exemplarische Strafaktion weiteren und künftigen Widerstand gegen deutsche Aktivitäten zu brechen. Seitens des Reichsmarineamtes und des Auswärtigen Amtes wurden Bedenken laut. Man befürchtete durch die Militäraktion Komplikationen mit den anderen europäischen Großmächten hervorzurufen. Außerdem fürchtete man, dass bei einer möglichen Eskalation des Konfliktes nicht genügend Truppen auf chinesischem Territorium zur Verfügung stehen würden.

Am 29. März 1899 rückte eine deutsche Expeditionstruppe nach Rizhao aus, um die den dortigen Zwischenfall mit den deutschen Missionaren zu beenden. Die Truppe zog sich Ende Mai zurück, nachdem die deutschen Forderungen nach Entschädigung und Verhaftung der Schuldigen erfüllt waren. Kurz darauf kam es jedoch zu einem neuen Konflikt zwischen der chinesischen Landbevölkerung und der Schantung- Eisenbahngesellschaft. Während es sich bei der Landbevölkerung um für sie existentielle Belange ging, sah das Gouvernement in dem chinesischen Widerstand einen Ausdruck für Rückständigkeit und Aberglauben. Die ländliche Bevölkerung beklagte Betrügereien und Vergewaltigungen seitens der Eisenbahnarbeiter und beschwerten sich darüber, dass die Eisenbahngesellschaft ihnen für ihr Land einen weit unter dem Durchschnitt liegenden Preis zahlte.

Nachdem die Landbevölkerung im Sommer 1899 in Gaomi zahlreiche Vermessungspfähle zerstört und die Eisenbahnarbeiter verjagt hatte ,schickte der Gouverneur Jäschke Soldaten nach Gaomi, die dort am 25. Juni einmarschierten, ohne auf nennenswerten Widerstand zu stoßen. Acht chinesische Bewohner wurden bei der Aktion getötet. Am 2. Juli 1899 traf die Eisenbahngesellschaft mit den Magistraten von Gaomi eine Vereinbarung, nach der die lokalen chinesischen Beamten mit den chinesischen Bauern Verhandlungen über den Landkauf führen sollten. Die Magistrate verpflichteten sich darüber hinaus die Eisenbahn und die Bahnarbeiter in Zukunft zu schützen.

Mit der Vereinbarung vom 2. Juli 1899 konnten die chinesischen Beamten zwar den Ablauf der Landtransaktionen selbst regeln, die Schantung- Eisenbahngesellschaft konnte jedoch weiterhin die Streckenführung der Bahn ohne Mitwirkung der chinesischen Beamten oder der Landbevölkerung regeln. Dies beinhaltete weiterhin Streitstoff und führte zu erneuten Widerstandaktionen der chinesischen Landbevölkerung. Dies galt insbesondere, weil die geplante Streckenführung nach wie vor das chinesische Be- und Entwässerungssystem empfindlich störte. So lehnte die Eisenbahngesellschaft die Forderung der Bevölkerung nach dem Bau mehrerer größerer Brücken aus Kostengründen ab. Die Forderungen der Bauern gerieten daraufhin unter den Einfluss der Boxerbewegung und deren Devise *Unterstützt die Quing Dynastie, zerstört alles Ausländische* und entwickelte damit eine erhebliche Eigendynamik [54].

Im Juni 1900 wurden amerikanische Missionare und deutsche Bergwerksinge-nieure bei Weixan angegriffen. Dies hatte zur Folge, dass die deutsche Koloni-alverwaltung die Einstellung der Arbeiten an Eisenbahn und Bergbau verfügte. Nachdem am 20. Juni 1900 der deutsche Gesandte von Ketteler in Peking er-mordet worden war, schickte die deutsche Regierung das Ostasiatische Expe-ditionskorps zur Niederschlagung der Boxerbewegung und zur Bestrafung der Täter des Mordes nach China. Zugleich forderte die Schantung- Eisenbahnge-sellschaft die deutsche Kolonialverwaltung in Tsingtau auf, durch entsprechende Strafaktionen den Widerstand der chinesischen Bevölkerung gegen die Eisen-bahn und den Bergbau in Schantung zu brechen und für eine Wiederaufnahme der Arbeiten zu sorgen. Daraufhin marschierten am 15. Oktober 1900 200 deut-sche Soldaten in Gaomi ein und töteten dabei 450 Bewohner, darunter Frauen und Kinder. Danach gab es keinen Widerstand seitens der Chinesen mehr. Der Gouverneur der Schantung Provinz Yuan Shikai erklärte sich gegenüber der Schantung- Eisenbahngesellschaft bereit, den entstandenen Schaden zu erset-zen. Die dafür benötigten Gelder liess er bei den Dorfbewohnern im Gebiet Gaomi eintreiben. Zum Schutz der Eisenbahn verblieben darüber hinaus deut-sche Marineinfanteristen für fünf Jahre in dem Gebiet.

2. Der Boxeraufstand

Nach Abschluss des Kiautschoupachtvertrages mit Deutschland versuchte eine Gruppe modern orientierter Chinesen in Form einer konstruktiven modernen *Hundert- Tage- Reform* Veränderungen in China durchzuführen und sich den eu-ropäischen Fremdmächten anzuerneuen. Damit stießen sie insbesondere bei den alteingesessenen Machthabern, die ihre Privilegien gefährdet sahen, von Beginn an auf erbitterten Widerstand. An ihrer Spitze befanden sich vor allem reaktionäre höfische Kreise mit der Kaiserinwitwe Tzi- hsi, genannt Cixi, der Tante des letzten chinesischen Kaisers Guang Xu an der Spitze. Diese galt als graue Eminenz am Kaiserhof in Peking. Daneben gewannen oppositionelle Kräfte wie die fünf Geheimgesellschaften *Weißer Lotos*, *Die Pflaumenblüte- Fäuste*, die

Gesellschaft vom Großen Schwert, die Gesellschaft *Acht Triagramme* sowie die *Yihetuan, die Faust im Namen der Gerechtigkeit und des Friedens* immer mehr an Einfluss.

Die Boxerbewegung entwickelte sich aus den unzähligen Sekten und Geheimbünden in China, die ursprünglich zum Schutz gegen einheimische Räuberbanden entstanden waren. Boxer waren fast ausnahmslos Bauernburschen, welche weiße Kopftücher trugen und die Tradition des Faustkampfes pflegten [55].

Aus ihr entwickelte sich später eine sozial- revolutionäre Bewegung, welche vor allem Ungerechtigkeiten im Rahmen von sozialen Verschlechterungen, aber auch die Unzufriedenheit der Bevölkerung mit der einheimischen Regierung und in China lebenden Ausländern, insbesondere ausländischen Missionaren, aber auch Unglücken, die in den Jahren 1898 und 1899 herrschende Trocken- und Dürreperiode und Naturkatastrophen zu Protesten nutzten. Die europäischen Großmächte nutzten diese Unzufriedenheit und die Unruhe, um jeweils ihre Machtbereiche in China zu vergrößern, wobei sie letztlich das Ziel verfolgten, das chinesische Großreich unter sich aufzuteilen. Damit brachten sie die chinesische Öffentlichkeit, Hof, Regierung und öffentliche Meinung gegen sich auf [56]. Dadurch erlangte die Boxerbewegung historisch und auch politisch großen Einfluss.

Da ihre Ziele grundsätzlich auch gegen das herrschende Regime am kaiserlichen Hofe in Peking gerichtet waren, bog die Kaiser Witwe Cixi die gegen sich gerichtete Bewegung kurzerhand um und setzte sich mit Prinz Tuan, ebenfalls einem Scharfmacher kurzerhand an die Spitze der Boxerbewegung. Dadurch erreichte der Boxeraufstand auch politische Sprengkraft. Er richtete sich gegen Weiße jeder Nationalität und insbesondere auch gegen chinesische Christen, die als Handlanger der Fremden galten. Viele Europäer wurden mitsamt ihrer Familien brutal getötet. In einem zeitgenössischen Bericht heißt es [57]:

Frauen und Kinder wurden in Stücke gehackt, Männern Nase und Ohren abgehauen und die Augen ausgestochen.

Um das Diplomatenviertel in Peking zu schützen, wurden sechs deutsche Offiziere und 45 Marinesoldaten von Tsingtau nach Peking verlegt. Außerdem wurden zwei Kompanien des III. Seebataillons nach Tientsin geschickt, nachdem dort deutsche Firmen- Niederlassungen von Boxern angegriffen wurden. In Tientsin lebten damals besonders viele Ausländer. Seit dem Frühjahr 1900 breitete sich die Boxerbewegung in ganz China, insbesondere auch in der Provinz Schantung aus. Dort begannen die Boxer im Mai 1900 Eisenbahnlinien und Telegraphenlinien anzugreifen und zu zerstören. Dabei töteten sie auch ausländische Inge-

nieure. Am 11. Juni 1900 rückten sie nach Peking ein und töteten dort einen japanischen Legationssekretär. Die chinesische Regierung erkannte zunächst die Boxerbewegung als loyale patriotische Bewegung an und forderte die Boxer auf, sich als Milizen registrieren zu lassen. Zugleich forderte sie am 19. Juni 1900 die ausländischen Gesandten auf Peking zu verlassen. Ein Tag später, am 20. Juni 1900 wurde der deutsche Gesandte von Ketteler auf offener Straße von einem Unteroffizier der regulären chinesischen Armee, der sich den Boxern zugehörig fühlte, getötet. Einen weiteren Tag später, am 21.Juni 1900 erklärte die Qing Regierung den ausländischen Mächten offiziell den Krieg.

Die in China organisierten Mächte England, Deutschland, Russland, Frankreich, USA, Japan, Italien und Österreich, gegen die sich die Aktionen der Boxer richteten, hatten bereits am 10. Juni 1900 beschlossen, eine alliierte Schutztruppe zu entsenden um ihre Gesandtschaften zu schützen. Die Truppe stand unter Führung des englischen Admirals Seymour [58] und rückte auf Peking vor. Dieser erteilte den Deutschen in China den später in einem Gemälde von Karl Röchling heroisiert dargestellten Befehl *Germans to the front*.

Als die Nachricht von der Ermordung von Ketteles in Deutschland bekannt wurde, schaltete sich Kaiser Wilhelm II. persönlich ein und setzte durch, dass der deutsche General Alfred von Waldersee die offizielle Führung der alliierten Streitkräfte übernahm. Damit erklärten sich die betroffenen Mächte im August einverstanden. Damit beanspruchte Kaiser Wilhelm II. international auch die überseeische Großmachtrolle des Deutschen Reiches. Dies zeigt sich in besonderer Deutlichkeit durch die sogenannte *Hunnenrede*, die der Kaiser bei der Verabschiedung des deutschen ostasiatischen Expeditionskorps am 27.Juli 1900 in Bremerhaven hielt. Dieses bestand aus 11.790 ausgesuchten Freiwilligen sowie 3484 Pferden und 28 Geschützen. Diese wurden auf insgesamt 39 zu Truppentransportern umgerüsteten Frachtdampfern nach China gebracht.

In der Rede forderte er die deutschen Soldaten auf, den Chinesen kein Pardon zu geben und keine Gefangene zu machen [59]:

Bewährt die alte preußische Tüchtigkeit, zeigt euch als Christen im freudigen Ertragen von Leiden, möge Ehre und Ruhm euren Fahnen und Waffen folgen…

Kommt ihr vor den Feind, so wird derselbe erschlagen! Pardon wird nicht gegeben, Gefangene werden nicht gemacht. Wer euch in die Hände fällt, sei euch verfallen. Wie vor tausend Jahren die Hunnen unter ihrem König Etzel (Attila) sich einen Namen gemacht, der sie noch jetzt in der Überlieferung gewaltig erscheinen lässt, so möge der Name Deutschland in China in einer solchen Weise bekannt werden, dass niemals wieder ein Chinese es wagt, etwa einen Deutschen nur scheel anzusehen.

Diese Rede wurde von dem späteren Reichskanzler von Bülow in seiner in den Jahren 1930/ 1931 erschienen Biographie *Denkwürdigkeiten* als *die törichste und schlimmste Rede jener Zeit und vielleicht die schändlichste, die der Kaiser Wilhelm II. jemals gehalten hat*, bezeichnet. Die Emotionalität dieser Rede ist vielleicht mit der Angewohnheit des Kaisers zu erklären, seine aus einer Körperbehinderung resultierende Schwäche durch kraftmeierisches Auftreten und markige Sprüche zu überspielen. Möglicherweise erklärt sich die höchstmögliche Erregung des Kaisers auch damit, dass er fälschlicherweise davon ausging, dass in Peking nicht nur ein Diplomat, sondern das gesamte deutsche und ausländische Gesandtschaftspersonal umgebracht worden sei.

In Deutschland selbst gelang es dem Kaiser durch den martialischen und imperialistischen Ton dieser Rede breite Schichten der deutschen Bevölkerung hinter seine Person zu sammeln. Die Rede diente damit auch in großem Ausmaß innenpolitischen Zwecken, was von Wilhelm II. auch beabsichtigt war, als er durch in der Bevölkerung latente vorhandene Ängste vor der *gelben Gefahr* bewusst tieferliegende Vorurteile und Stereotypen bediente. Eine besondere Abneigung hatten die Chinesen gegenüber den christlichen Missionen, insbesondere die katholische Steyler Mission, die in China nach den Niederlagen Chinas in den beiden Opiumkriegen Missionsfreiheit, Konsulargerichtsbarkeit und Exterritorialität genoss und damit zu einem *Staat im Staate* wurde.

Der Vertrag von Tianjin aus 1860 sicherte den Missionen die Misssionsfreiheit im Landesinnern. Danach konnten die Missionen Eigentum und Grundbesitz erwerben, was anderen ausländischen Staatsangehörigen verwehrt war. Außerdem konnten die Missionare als ausländische Staatsangehörige nicht von chinesischen Beamten vor Gericht gestellt werden, sondern standen unter dem Schutz des französischen Gesandten, der ihre Interessen gegenüber dem chinesischen Staat offiziell vertrat.

Missionszwischenfälle, d.h. Vorfälle, bei denen Missionen und deren Angehörige beteiligt waren, waren an der Tagesordnung und stellten insoweit einen erheblichen Destabilisierungsfaktor dar. Um mit den Ausländern in Frieden zu leben war zeitweise das Motto der chinesischen Außenpolitik:

die Barbaren gegeneinander auszuspielen und durch ein Ausbalancieren der ausländischen Interessen die notwendige politische Stabilität für die militärische Modernisierung zu erhalten.

Dies brachte der chinesische Prinz Kung 1869 in einer Bemerkung gegenüber dem englischen Gesandten auf den Punkt [60]:

Nehmt euer Opium und eure Missionare fort, und ihr werdet willkommen sein

Ein weiterer Grund für die Entstehung der Boxerbewegung waren chinesische interne Schwierigkeiten infolge des Scheiterns der Reformversuche von 1898. Die Reform beabsichtigte ähnlich wie in Japan unter Neuauslegung der konfuzianischen Klassiker schrittweise die westliche Bildung und Methoden zu übernehmen. In diese Richtung erließ der Kaiser Kuang- hsüi Reform- Edikte. Diese wurden von den militanten Ultrakonservativen, die vor allem unter dem Einfluss der alten Kaiserin Witwe Tzú- hsi (Qixi) standen und die in diesen eine Aufgabe des alten Glaubens- und Traditionsgutes sahen, vehement bekämpft.

Sie sahen in den Reformversuchen vor allem eine Gefährdung ihrer politischen und sozialen Monopolstellung. Eine besondere Gefahr sahen sie in dem Aufblühen der Christengemeinden, welchen sie die Schuld an der Zerstörung des alten religiös begründeten Familien- und Dorfverbandes und den Umsturz der überkommenen Wert- und Ordnungsvorstellungen gaben. Daraus ergab sich das Entstehen einer Missionsfeindlichkeit, da man die Missionierung durch die christlichen Kirchen als Hauptursache für den Wertverfall auszumachen glaubte. Daraus entwickelte sich ein gegen alle Ausländer gerichteter Fremdenhass, der in der Kampfparole gipfelte:

Unterstützt Chíng (Mandschu), vernichtet die Fremden.

Als weitere Ursache für den Ausbruch der Boxerunruhen können wirtschaftliche Verschlechterungen und steigende Arbeitslosigkeit als Folge von verheerenden Dürre- und Hungerkatastrophen angesehen werden, die nach dem Glauben der Chinesen auf eine Störung des *Feng- Shui* (wörtlich Wind und Wasser), der durch Götter und Geister beeinflussten Harmonie zwischen Landschaft (Natur) und Bebauung zurückgingen. So waren sie der Auffassung, dass die christlichen Kirchen mit ihren neogotischen in den Himmel ragenden Türmen, den Himmel herausforderten. Nach dem traditionellen Glauben vieler Chinesen regnete es deshalb nicht und verdorrte deshalb die Erde, weil die christlichen Kirchen den Himmel verdunkelten.

Die Boxerbewegung wurde damit zu einer Abwehrideologie gegen jeden westlichen Einfluss. Unter dem Einfluss der Boxerbewegung und der von ihnen anfänglich erzielten Erfolge erklärte die chinesische Zentralregierung den europäischen Mächten den Krieg. In der Folge wurden chinesische Christen getötet,

Frauen und Kindern in Stücke gehackt, Männern Nasen und Ohren abgehauen und die Augen ausgestochen. Schule, Kirchen und Brücken wurden zerstört, Eisenbahnlinien und Telegraphenleitungen wurden unterbrochen.

Während es im deutschen Kiautschou Gebiet wegen des als deutsch- freundlich geltenden Gouverneurs Yüan Shih- kai zunächst verhältnismäßig ruhig blieb, änderte sich dies nach der Ermordung des deutschen Gesandten in Peking Klemens Freiherr von Ketteler (1853-1900) am 20.Juni 1900. Danach kam es zum Beitritt Deutschlands zu gemeinsamen Aktionen der europäischen Mächte gegen China und die chinesische Boxerbewegung. Nach der Ermordung des deutschen Botschafters von Ketteler waren auch alle weiteren ca. 950 Diplomaten und deren Angehörige in höchster Gefahr. Sie waren zusammen mit ca. 3000 chinesischen Christen im Diplomatenviertel eingeschlossen und wurden dort 55 Tage von den Boxern und regulären Soldaten der chinesischen Armee unter dem Gebrüll *Scha, scha tötet sie* belagert. Die Belagerten fühlten, dass sie in einer Falle saßen und nur auf die Stunde ihrer Exekution warteten [61].

Am 10. August 1900 begannen die Boxer und die zu ihnen übergelaufenen chinesischen Soldaten unter schwerem Artilleriefeuer mit der Erstürmung des Diplomatenviertels. Die Verteidiger konnten jedoch noch mehrere Tage auf ihren Barrikaden ausharren, bis die unter dem Oberbefehl von Seymour stehenden internationalen Kontingente am 14. August Peking erreichten und am 16. August die Stadt einnehmen konnten. Bereits vorher hatte die internationale Streitmacht die Küstenforts bei Taku eingenommen und Tiensin zurückerobert Damit war der Boxeraufstand beendet. Der mit den Boxern verbündete Kaiserwitwe Cixi gelang es als Bäuerin verkleidet mit ihrem Hofstaat nach Hsi- an- fu zu flüchten. Im Chaos und den Wirren des Boxeraufstandes kam es auch auf Seiten der internationalen Truppe zu Exzessen und Grausamkeiten gegenüber der chinesischen Bevölkerung, da sie vielfach nicht zwischen Boxer Aufständischen und Unbeteiligten unterscheiden konnten. Teilweise wurden dabei chinesische Dörfer dem Erdboden gleichgemacht.

Die deutsche Truppe und der militärische Oberbefehlshaber Generalfeldmarschall von Waldersee trafen erst am 25. September 1900 in Tientsin ein, mehr als einen Monat nachdem Peking am 16. August 1900 bereits von den alliierten Truppen eingenommen worden war. Danach war die Qing Regierung geflohen und die Boxerverbände wurden aufgelöst. Von Waldersee versuchte danach durch insgesamt 35 brutale Nachhutgefechte und die Mitnahme erbeuteter chinesischer Kunstgegenstände wie z.B. die von dem Kölner Jesuitenmissionar Adam Schall um die Mitte des 17. Jahrhunderts gebauten astronomischen Instrumente aus dem Observatorium des chinesischen Kaisers die Beteiligung Deutschlands an der Aktion herauszustellen und sich einen Rest an Ruhm und einen Teil von dem zu verteilenden Beutekuchen zu erwerben. Die Kriegsaufzeichnungen geben die Brutalität des Vorgehens der Deutschen wieder [62]:

Ein Unterschied zwischen Boxern und Nichtboxern wird nicht mehr gemacht. Wir haben alles niedergemetzelt, was uns in die Finger kam, weder Weib noch Kind verschont. Die gefangenen Chinesen haben wir alle totgeschossen, aber auch alle, die wir sahen und kriegten, haben wir niedergestochen und geschossen.

Waldersee bemerkt in seinem Tagebuch [63]:

Seit dem Dreißigjährigen Krieg und den Raubzügen Ludwigs XIV. in Deutschland ist ähnliches an Verwüstungen nicht vorgekommen.

Andererseits waren die von Waldersee fünfunddreißig um und in Peking durchgeführten Strafaktionen genau kalkuliert und unterschieden sich bewusst von den zugelassenen wilden Plünderungen der anderen Mächte [64].

Der Mörder von Kettelers wurde gefasst und in Gegenwart der Generäle von Trotha und Lessel in der Kettelerstraße hingerichtet. Auf dem zu Ehren der Ermordeten in Peking errichteten Kettelerdenkmal stand geschrieben:

Die Gerechtigkeit siegt

Kaiser Wilhelm stiftet aus Anlass dieses Ereignisses eine von ihm selbst entworfene Gedenkmünze, die einen Adler zeigt, der einen Drachen in den Fängen hält [65].

Deutschland erhielt nach Niederschlagung des Boxeraufstandes im sogenannten *Boxerprotokoll* vom September 1901 450 Millionen Taels, ca. 280 Millionen Reichsmark Kriegsentschädigung. Für die Zahlung der Entschädigung musste China hochverzinsliche Anleihen bei ausländischen Banken aufnehmen.

Darüber hinaus musste China eine Bußgesandtschaft unter einem kaiserlichen Prinzen an den Berliner Hof entsenden. Diese machte am 3. September 1901 unter dem Prinzen Chun, dem Vater des letzten Kinderkaisers Pu Yi zu Kaiser Wilhelm II. im Neuen Palais in Potsdam als sogenannter Sühneprinz den anbefohlenen Sühnegang. Dabei verlas der Prinz in einem kurzen Sühnezeremoniell ein Entschuldigungsschreiben des chinesischen Kaisers und wurde danach formell als Staatsgast behandelt. Dem Prinzen blieb es erspart vor dem deutschen Kaiser den nach chinesischer Landessitte üblichen *Kotau* zu machen. Dabei handelt es sich um eine Ehrerweisung zum Zeichen völliger Unterordnung, wobei sich der sich Unterwerfende auf den Boden niederwerfen und dabei dreimal den Boden mit der Stirn berühren musste [66]. Die deutsche Regierung bemühte sich darum den Besuch zu einem politischen Erfolg zu machen. Anlässlich eines für ihn ausgearbeiteten Besuchsprogramms durfte der Prinz sich an vielen Stätten vom Stand der Technik, der Wissenschaft und der Kultur in Deutschland überzeugen. Die Eindrücke von dieser Reise waren für den Prinzen positiv und vorteilhaft, wie sich aus den Aufzeichnungen aus seinem Tagebuch ergab [67].

Das Vorgehen von Waldsees bei seinem Chinaabenteuer wurde zum Gegenstand einer heftigen Debatte im deutschen Reichstag. Kritik übten insbesondere die Sozialdemokraten, voran insbesondere August Bebel sowie einige freisinnige Reichstagsabgeordnete, welche das Vorgehen der Reichsregierung als klaren Verfassungsbruch brandmarkten und die Wiederherstellung der staatlichen Souveränität und Integrität Chinas durch Rückzug der deutschen Truppen und Aufgabe des Pachtgebietes Kiautschou forderten.

Kritisiert wurde dabei auch die Rolle des katholischen Bischofs Anzer. Die meisten Reichstagsparteien billigten jedoch das China- Unternehmen und stimmten dem Zusatzetat für China zu. Insbesondere das katholische Zentrum lobte das Vorgehen als angemessene Sühne für eine begangene Freveltat an den beiden katholischen Missionaren und als einen Sieg der europäischen Zivilisation und der christlichen Religion. Von diesen Sühneleistungen abgesehen verzichtete das Deutsche Reich auf weitere Gebietsansprüche in China, vor allem auf eine Besetzung des Schantunggebietes sowie auf einen weiteren Rachefeldzug gegen die Boxerbewegung zugunsten einer *Open Door* Wirtschaftspolitik, welche zukünftige wirtschaftliche Interessen in China, insbesondere im Yangtse- Gebiet in den Vordergrund stellte. Damit wollte man vermeiden als meistgehasste fremde Macht in China dazustehen. Dennoch wuchs der Hass auf die Deutschen insbesondere in der ländlichen Bevölkerung rund um das Pachtgebiet. Das zeigte sich unter anderem daran, dass die Zahl der deutschfeindlichen Geheimgesellschaften im Umfeld der Kolonie zunahm.

3. China als Republik

Nach Niederschlagung des Boxeraufstandes versuchte die Qing Dynastie einen weiteren Zerfall des chinesischen Reiches und der Dynastie dadurch aufzuhalten, dass sie Reformen in Richtung auf eine konstitutionelle Regierungsform unter Schaffung einer konstitutionellen Regierung einleitete. Die herrschende aus der Mandschurei stammende Mandschu Dynastie der Qing war seit 1644 an der Macht, als sie die bis dahin herrschende Ming Dynastie abgelöst hatte. Ihr waren anfänglich, im späten 17. Jahrhundert sowie im 18. Jahrhundert, große Erfolge beschieden, insbesondere auch militärische, mit Gebietserweiterungen und Angliederung anderer Völker gelungen. Diese Erfolge führten zur Schaffung eines großen Reiches sowie zu finanziellem und kulturellem Reichtum. Dieser Reichtum hatte sich jedoch inzwischen aufgebraucht. Bemerkbar machte sich vor allem, dass in China anders als in Europa und Nordamerika keine industrielle Revolution und auch keine geistige Aufklärung stattgefunden hatten. Diese führte zur Schwäche des Kaiserreiches, vor allem auch auf militärischem Gebiet und machte es zur leichten Beute für die aufstrebenden imperialistischen europäischen Staaten sowie für Japan und die USA. Aufgrund der inneren Schwäche des Kaisertums war China nicht fähig durchgreifende Reformen durchzuführen. Die vom chinesischen Kaiserhof zu Beginn des 20. Jahrhunderts angestoßenen Reformen reichten nicht mehr aus, das Kaiserhaus als Institution zu stärken, anders als es dem Kaiserhaus in Japan gelungen war.

Die zaghaften durch den chinesischen Kaiserhof eingeleiteten Reformbemühungen fanden ein Ende durch die am 10. Oktober 1911 von Wuhan ausgehende Aufstandsbewegung gegen die Mandschu- Dynastie. Diese weitete sich im Oktober und November 1911 auf ganz China aus und endete mit der Wahl des revolutionären, christlich getauften Sun Yatsens im Dezember 1911 zum provisorischen Präsidenten.1895 hatte Sun Yatsen die *Tung- Men- Hui Gesellschaft* (Schwurbrüderschaft) gegründet, aus der später die Kuomintang (Staatsvolk Partei) als Nationale Volkspartei hervorging. Im Jahre 1906 hatte Sun Yatsen in Kanton einen ersten Aufstand initiiert, bei dem 72 Menschen starben, der jedoch letztlich scheiterte. Nachdem die Kaiserwitwe Cixi im Jahre 1908 verstorben war, propagierte Sun Yatsen die Umwandlung des Kaisertums in eine Republik mit gewählten Volksvertretern und mit einer *Fünf-Gewalten- Verfassung* in der Legislative, Jurisdiktion, Exekutive, ein Prüfungsamt für Beamtenauswahl und ein Aufsichtsamt zur Einübung demokratischer Spielregeln getrennt nebeneinander bestanden.

Es kam zunächst im Dezember 1911 zu Verhandlungen zwischen den revolutionären Anhängern Sun Yatsen und den Abgesandten des kaiserlichen Ministerpräsidenten General Yuan Shi Kai. Am 12. Februar 1912 gab die kaiserliche Regierung die Abdankung des letzten Kinderkaisers Pu Yi bekannt und stimmte der Errichtung einer Republik zu. Die Regierungsgeschäfte übernahm zunächst Yuan Shi Kai ungeachtet dessen, dass das Revolutionsparlament in Nanking zunächst Sun- Yatsen mit 27:1 Stimmen zum provisorischen Präsidenten der Republik China gewählt hatte [68]. Am 1. Januar 1912 trat Sun Yatsen sein Präsidentenamt an und rief die Republik China aus. Um einen langwierigen Bürgerkrieg in China zu vermeiden, bot Sun Yatsen seinem Konkurrenten Yuan Shi Kai die

Präsidentschaft an. Am 12. Februar 1912 dankte Pu Yi als letzter chinesischer Kaiser ab. Anschließend übernahm Yuan Shi Kai die Regierungsgewalt und den Auftrag eine provisorische republikanische Regierung zu etablieren. 1912 fanden die ersten landesweiten Wahlen für ein nationales Parlament in Peking statt [69].

Sun Yatsen gründete am 12. August 1912 als Gegengewicht gegen die Regierung von Yuan Shu Kai die demokratische Partei Kuomintang, Nationale Volkspartei. Bei den Wahlen zum Parlament im Februar 1913 ging die Kuomintang, die nun unter der Leitung von Sun-Chio-Jen stand, als Sieger hervor [70]. Als dieser daraufhin von Yuan Shi Kai die Bildung einer von seiner Partei gebildeten Regierung verlangte, ließ dieser ihn kurzerhand umbringen.

Eine daraufhin von seinen Rivalen angezettelte Zweite Revolution konnte Yuan-Shi Kai im November 1913 mühelos niederschlagen. Im November 1914 schaffte er das Parlament ganz ab und regierte China ab diesem Zeitpunkt als Diktator. 1915 versuchte Yuan Shi Kai sogar die 1911 abgeschaffte Monarchie wiederzubeleben und sich als Kaiser zu installieren. Damit scheiterte er jedoch, nachdem sich mehrere chinesische Prinzen im Süden und Westen gegen ihn stellten. Endgültig war dieser Versuch mit seinem Tod am 6. Juni 1916 erledigt. Im Oktober 1912 wurde die republikanische Regierung von den europäischen Großmächten, darunter Deutschland offiziell anerkannt.

Aufgrund der unruhigen Lage im übrigen China beschlossen viele vornehme und reiche Chinesen in das ruhige und sichere Tsingtau umzuziehen. Bei einem Besuch Sun Yatsens in Tsingtau im Oktober 1912 bezeichnete dieser den Aufbau Tsingtaus und den Staatssozialismus als Vorbild und brauchbares Konzept für China. Dabei sagte er in einer Rede vor den Studenten der Hochschule [71]:

Gerade bei Deutschland haben wir den Eindruck, dass es uns wohl will und unsere augenblickliche Schwäche nicht wie andere Länder rücksichtslos ausnutzt

V. Kiautschou als Flottenstützpunkt

Weil Kiautschou als Flottenstützpunkt für die kaiserliche Marine angepachtet wurde, stand es nicht wie die anderen Kolonien unter der Verwaltung des Reichskolonialamtes, sondern des Reichsmarineamtes. An der Spitze stand ein Marineoffizier als Gouverneur, der direkt dem Staatssekretär des Reichsmarineamtes Großadmiral Alfred Freiherr von Tirpitz unterstand.

1. Die Verwaltung von Kiautschou

Die Verwaltung war im Wesentlichen der englischen Verwaltung der englischen Kronkolonie Hongkong nachgebildet. Chef der Zivil- und Militärverwaltung im Kiautschougebiet war der Gouverneur. Dieser war auch oberster Befehlshaber der deutschen Besatzungstruppen. Der Gouverneur war mit einer besonderen Machtvollkommenheit ausgestattet. Er besaß weitgehende Entscheidungsfreiheit auf allen Gebieten innerhalb des Pachtgebietes und repräsentierte die höchste Militär- und Zivilgewalt [72]. Erster Gouverneur wurde 1898 Kapitän zur See Carl Rosendahl, der in seiner kurzen Amtszeit bis 1899 die wesentlichen Planungen und Entscheidungen bezüglich der Stadtentwicklung und des Hafenbaus traf. Sein Nachfolger wurde 1899 Kapitän zur See Paul Jaeschke, in dessen Amtszeit die Boxeraufstände fielen und der bereits 1901 in Tsingtau verstarb, nachdem er an Typhus erkrankte und danach gesundheitlich den mit seinem Amt verbundenen Belastungen und Anstrengungen nicht mehr gewachsen war.

Wesentlich länger als die bei seinen beiden Vorgängern war die Amtszeit des dritten Gouverneurs Kapitän zur See Oskar Truppel, der die Entwicklung und den Bau von Tsingtau zum Abschluss bringen und anschließend einige Neuerungen einführen konnte. Er wurde 1911 bei seinem Abschied zum Admiral befördert und in den erblichen Adelsstand erhoben. Letzter Gouverneur von Kiautschou wurde Kapitän zur See Alfred Meyer- Waldeck, der das Amt bis zum Ausbruch des 1. Weltkrieges innehatte und die Stadt einige Zeit gegen die vorrückenden Japaner verteidigte [73].

Der Gouverneur erließ für das Pachtgebiet die erforderlichen wichtigen Verordnungen, die jedoch noch der Genehmigung des Reichskanzlers bedurften. Trotz dieses Genehmigungsvorbehaltes traten alle vom Gouverneur erlassenen Verordnungen mit sofortiger Wirkung in Kraft. Die Verwaltung innerhalb des Schutzgebietes war unterteilt in eine Militärverwaltung für das in Tsingtau stationierte III. Seebataillon mit dem Stabschef als Stellvertreter des Gouverneurs an der Spitze, ein Fregatten- oder Korvettenkapitän. Dieser wurde unterstützt von einem ersten und zweiten Adjuntanten, die ihn in Amtsgeschäften und bei gesellschaftlichen Veranstaltungen vertreten durften [74]. In die Zuständigkeit der Militärverwaltung fielen die Artillerieabteilung Kiautschou, das Ostasiatische Marinedetachement, das Artillerie- und Minendepot sowie das Garnisonsverwaltungsamt. Dem Admiralstab der Marine unterstanden weiterhin das Kreuzergeschwader und die Ostasiatische Station der Marine [75].

Zum militärischen Stab des Gouverneurs gehörten ferner ein Platzmajor, ein Kapitänleutnant oder Hauptmann, der zugleich Dolmetscheroffizier war, ein Ingenieuroffizier, ein Artillerieoffizier, der zugleich Vorstand der Artillerie- und Minenverwaltung war sowie ein Intendant mit einem Assessor und einigen Sekretären und drei Dolmetschern [76].

Die Zivilverwaltung wurde von einem Zivilkommissar geleitet. Er war für die europäischen Angelegenheiten zuständig. Daneben gab es einen Kommissar für die chinesischen Angelegenheiten der eingeborenen Bevölkerung. Dieses Amt füllte bis 1909 Wilhelm Schrameyer aus, der von April 1898 bis 1900 stellvertretender Zivilkommissar war. Schrameyer wies ständig darauf hin, dass das Pachtgebiet Kiautschou keine Kolonie war und nicht mit den deutschen Kolonien in Afrika gleichgesetzt werden könnte. Für Schrameyer war es wichtig [77], dass es bei dem Pachtgebiet nicht um die Ausbeutung eines möglichst ausgedehnten Ländergebietes durch deutsche Siedler ging, sondern um die Anbahnung von Handelsbeziehungen mit dem chinesischen Reich unter deutscher Leitung und deren Konzentrierung auf ein für die notwendigen Hafenanlagen und Geschäftseinrichtungen ausreichendes Areal.

Zur Zivilverwaltung gehörten im Einzelnen [78]:

• Zivilkommissariat
• Bezirksamt
• Justizamt
• Hafen- und Tiefbauamt
• Hochbauamt
• Werft und Elektrizitätswerk
• Observatorium
• Gouvernementslazarett
• Forstamt
• Kassenamt
• Schlachthof
• Deutsch-Chinesische Hochschule
• Kaiserliche Gouvernementsschule (Reform- Realprogymnasium)

An der Spitze der Forstverwaltung stand ein Oberförster, ihm waren zwei Förster unterstellt. Daneben gab es einen Gouvernementstierarzt, der die Tierseuchen bekämpfte sowie ein Polizeichef, der für Ruhe und Ordnung im Schutzgebiet zuständig war. Ihm unterstanden ein Polizeioberwachtmeister, neun Polizeiwachtmeister sowie 20 Polizisten. Zur Verwaltung gehörten weiterhin das Gefängnis und das Katasteramt.

Die Chinesen behielten weitgehend ihre Rechte und Institutionen, an der sonstigen Landesverwaltung waren sie nur beratend durch ein Komitee, bestehend aus ansässigen angesehenen Chinesen beteiligt. Den Chinesen wurde ein deutscher Kommissar für chinesische Angelegenheiten zur Seite gestellt, der zunächst mit Dr. Schrameyer besetzt wurde, der gut chinesisch sprach und mit den Sitten und der Denkweise der Chinesen bestens vertraut war. Er wurde zu einem der wichtigsten Beamten der Kolonialverwaltung [79].

Die Kiautschouverwaltung räumte in der Verordnung über die Vertretung der Zivilgemeinde in Anlehnung an das Muster der preußischen Gemeinde- Selbstverwaltung der Bürgerschaft gewisse Befugnisse ein. So wurden in allen Angelegenheiten, welche die Bürgerschaft betrafen, deren Vertreter zu Rate gezogen und übernahmen insoweit die Vermittlung zwischen Zivilgemeinde und Gouvernement [80]. Vor dem Erlass einer Verordnung oder der Einführung einer Maßregel, durch die wirtschaftliche Interessen der Bürgerschaft berührt wurden, waren die Vertreter zu hören. Die danach erlassenen Verordnungen hatte der Gouverneur dem Reichskanzler über das Reichsmarineamt zur Genehmigung vorzulegen. Dadurch wurde nicht nur das Verfahren beschleunigt, sondern durch Schaffung fertiger Tatsachen auch vereinfacht. Ziel der deutschen Reichsregierung war es in Kiautschou eine Selbstverwaltung auf der Grundlage der Selbsterhaltung zu schaffen [81]. Anders als die Verwaltung Tsingtaus beließ man die Verwaltung in den ländlichen 275 Dörfern des Pachtgebietes, die ausschließlich von chinesischen Bauern bewohnt waren weitgehend der Selbstbestimmung der Chinesen und ihren alten traditionellen Einrichtungen.

2. Die dörfliche Selbstverwaltung

Träger der dörflichen Selbstverwaltung waren traditionell die chinesischen Ortsältesten. Die Kolonialverwaltung war durch einen deutschen Bezirksamtmann vertreten, der seinen Sitz, z.B. in Litsun hatte. Einer Stadt, in der etwa 30.000 Chinesen wohnten. Der deutsche Bezirksamtmann musste chinesisch sprechen. Er war zugleich Bezirksrichter und Oberrichter, da die Chinesen daran gewöhnt waren, dass Verwaltung und Rechtsprechung in einer Hand lagen. Vor den Bezirksamtmann kamen nur die Rechtsfälle, in denen beide Parteien Chinesen waren. Gegen ein Urteil hatte die unterliegende Partei die Möglichkeit Berufung vor dem Obergericht in Tsingtau einzulegen. Dies war jedoch sehr selten. In der Regel wurde die Entscheidung des Bezirksrichters sowohl in Zivil-, als auch in Strafsachen von den Parteien akzeptiert. Chinesische Handelssachen, Erbrechtsfälle, Streitfälle wirtschaftlicher Natur waren einem chinesischen Komitee, das aus 12 Mitgliedern bestand, zur Entscheidung vorzulegen [82].

Abgeschafft wurden die zum Teil grausamen Strafen und peinlichen Ermittlungsverfahren des chinesischen Strafprozesses. Beibehalten wurden neben der Todesstrafe, die Freiheits- und Geldstrafen vor allem aber die Prügelstrafe. Für deren Abschaffung hätten die Chinesen kein Verständnis gehabt, da von ihnen Geld- und auch Haftstrafen nicht als ernste Strafe angesehen wurden [83]. Dem Bezirksamtmann unterstand eine Polizeistation mit einem Polizeiwachtmeister, einem Unteroffizier und acht Seesoldaten.

In Tsingtau bestand die Chinesenpolizei aus 60 Personen, die den Sicherheitsstandard der Stadt hochhalten konnten [84]. Für das Stadtgebiet Tsingtau galt die Chinesenordnung, die vor allem Vorschriften zur Aufrechterhaltung der Sicherheit und Ordnung enthielt. So hieß es unter anderem in § 5 der Verordnung:

Zwischen 9 Uhr Abends und Sonnenaufgang darf kein Chinese die Straße betreten, ohne eine brennende Laterne zu tragen oder sich vortragen zu lassen.

Für die Steuererhebung wurden die ländlichen Gebiete weiterhin durch die von den Bewohnern gewählten Ortsvorsteher und die Ältesten der einzelnen Familienverbände verwaltet. Bei den Ortsvorstehern war auch die einzig erhobene Steuer, die chinesische Grundsteuer abzuliefern [85]. Die chinesischen Ortsvorsteher stellten Wald- und Hafenwärter an und regelten weiterhin den Nachwächterdienst [86]. Die deutsche Verwaltung kontrollierte nur über Vertrauensleute die Ausführung der Anordnungen der Kolonialverwaltungen z.B. bei der Ausbesserung von Wegen oder Dämmen.

Chinesische Kaufleute, Händler und Handwerker lebten vielfach in den in der Nähe von Tsingtau gelegenen Erbbaustädten Taitungtschen und Taihsitschen die später in den Stadtbezirk von Tsingtau eingemeindet wurden. Die meisten ländlichen Bewohner arbeiteten als Kleinbauern, Fischer, Meeressalzgewinner und Handwerker. Am Wenigsten änderte sich bei den Kleinbauern, die im Regenfeldbau Weizen, Gaoliang- Hirse, Erdnüsse und Süßkartoffeln anbauten. Dazu wurde in einigen Gebieten Obst produziert, insbesondere Birnen, Pfirsiche Aprikosen und Dattelpflaumen. Diese wurde dann auf Märkten wie z.B. in Litsun verkauft.

Diese Märkte boten den Chinesen nicht nur die Möglichkeit Waren einzukaufen, sondern auch jede Menge von Zerstreuung, etwa durch Wandertheatertruppen, Wahrsager, Glücksspieler, Geschichtenerzähler, Sänger oder Gauklern.

Im Gegensatz zu den Engländern, die in Städten wie Hongkong und Shanghai bei Grundstücksspekulationen Miethäuser ausschlachteten, entwickelten die Deutschen ein eigenes fortschrittliches Bodenrecht, das Bodenspekulationen verbot und damit die Ansammlung von Bodeneigentum in einer toten Hand zum Schaden der Kolonie verhinderte. Die Bodenpolitik beruhte auf dem Monopol des Gouvernements über den Ankauf von Land von den chinesischen Eigentümern zu einem auf niedrigem Niveau eingefrorenen Preis. Solange die Kolonialverwaltung das Land nicht bebauen wollte, konnten die Chinesen auf dem Land bleiben. Daneben gab es Bebauungsfristen, die bei Nichteinhaltung zu Steuererhöhungen führten. Der Eindämmung der Bodenspekulation diente auch die Steuerverordnung vom 2. 9. 1898 zur Grundsteuer, die vor allem auch den Wertzuwachs erfasste. Von dieser Wertzuwachssteuer konnten andererseits Investitionen abgezogen werden [87].

Tsingtau, die *grüne Insel* wurde eine militärisch gesicherte Reißbrettstadt, in welcher mit deutscher Gründlichkeit kaiserliche Beamten, Architekten, Ingenieure und Facharbeiter Richtlinien und Planungen umsetzten von der Raumhöhe der Wohnzimmer, von der modernen Trink- und Abwasserversorgung bis hin zur Dampfwaschanstalt, einer Tollwutstation und einer Opium -Verbrauchsabgabe. Bei der Stadtplanung wurden koloniale und chinesische Elemente berücksichtigt, ansonsten musste die Preußische Bauordnung eingehalten werden

3. Das Gerichtswesen und die Rechtspflege

Der deutsche Einfluss machte sich vor allem auf dem Gebiet der Rechtspflege bemerkbar. Für die Europäer galt deutsches Recht, für die Chinesen zwar ihr chinesisches Recht weiter, das jedoch weitgehend europäischen Rechtsgrundsätzen angepasst wurde. Auswüchse der alten chinesischen Rechtspflege wie vor allem Willkür und Grausamkeiten bei der Urteilsfindung verschwanden. Es machte sich ein neuer humaner, an den Menschenrechten ausgerichteter Geist bemerkbar, das galt vor allem im Gefängniswesen, wo das deutsche chinesische Gefängnis in Litsun für ganz China Vorbildcharakter erlangte. Grundlage für die Regelung des Justizwesens war das Reichsgesetz betreffend die Rechtsverhältnisse der deutschen Schutzgebiete von 2000 und die kaiserliche Verordnung betreffend die Rechtsverhältnisse in Kiautschou von 1898. Danach unterlagen alle Bewohner des Pachtgebietes dem deutschen Recht. Für Chinesen wurde eine besondere Gerichtsbarkeit eingerichtet. Das Kaiserliche Gericht wurde gebildet, es war zuständig für Zivil- und Strafsachen, aber auch für Militärgerichtsverfahren. Im Jahr 1905/ 1906 waren vor dem Kaiserlichen Gericht 375 Zivilprozesse und 395 Strafverfahren anhängig.

4. Stadtentwicklung und -planung

Vor Umsetzung der für Tsingtau vorgesehenen Stadtplanung wurde 1899 das Katasteramt Tsingtau eingerichtet. Die Stadtplanung sah eine Stadtentwicklung als Mehrkernstadtanlage in drei Bereichen vor [88].

Der erste Bereich bestand aus der unmittelbar am Meer gelegenen Tsingtau- und Auguste- Viktoria Bucht, in dem zwei großzügig angelegte Europäer- Wohnstadtbereiche mit stilvollen Villen entstanden, von denen die meisten einen Blick auf das Meer hatten. In diesem Bereich nahe den Badebuchten entstanden auch Hotels wie z.B. das Prinz- Heinrich- Hotel an der Auguste- Victoria Bucht. Außerdem gehörten zu diesem Bereich das Seemannshaus, Geschäftshäuser, Banken und Ladengeschäfte sowie der Schantung Bahnhof, das Kaiserliche Postamt an der Ecke Prinz- Heinrich und Tirpitzstraße sowie die evangelische Christuskirche und das Gouvernementsgebäude. Kennzeichnend für die Häuser in diesen Bereichen waren deren rote Ziegeldächer. Die Straßen innerhalb dieser beiden Europäerviertel waren breit angelegt und nachts beleuchtet.

Für den Fremdenverkehr war der Badestrand an der Auguste- Victoria Bucht vor allem im Sommer für in- und ausländische Badegäste wie Engländer, Amerikaner und Franzosen, die der Sommerhitze in Südchina entflohen eine Attraktion. Er galt wegen des angenehm kühlen Seewindes als einer der besten Badestrände in ganz China und wurde häufig *Ostende von Fernost* genannt. Daneben gab es in diesem Bereich verschiedene andere Sport- und Freizeitattraktionen wie z.B. eine Pferderennbahn, Sportplätze und Parkanlagen.

Neben diesem Wohnbereichsviertel für Europäer gab es in der Nähe des Großen Hafens ein Geschäfts- und Industrieviertel mit einem modernen, großzügigen Schlachthof sowie ab 1912 den Neubau eines Elektrizitätswerkes, das auf eine Leistung von 1.256.550 KWh ausgelegt war [89].

Der dritte Bereich bildete die Chinesenstadt Tapautau (Dabaodao) im Nordwesten in der Nähe des Kleinen Hafens Es bestand aus den beiden Siedlungen Taixizhen und Taidongzhen, die wegen der besseren Kontrolle und Übersicht in einem Schachbrettmuster angelegt war. In ihm wohnten vor allem Händler,

Arbeiter und Handwerker, die zum Teil in anderen Stadteilen für die Europäer arbeiteten. Dieses Chinesenviertel entstand an der Stelle eines Dorfes mit kleinen verschachtelten Häusern und engen Straßen, die durch Brände extrem gefährdet waren. Dabei wurden die alten baufälligen Häuser durch steinerne mit Brandmauern versehene Neubauten ersetzt. Diese räumliche Trennung von Europäern und Chinesen wurde mit der Zeit dadurch verwässert, dass auch europäische Einrichtungen und Unternehmen in die Chinesenstadt umzogen wie etwa die Werkstätten einer evangelischen Missionsstation, zwei deutsche Ziegeleien und mehrere deutsche Gastwirtschaften.

Auf der anderen Seite ließen sich chinesische Firmen in Bürogebäuden im europäischen Geschäftsviertel nieder. Noch weiter vermischten sich deutsche und chinesische Firmen nach Entstehung des Großen Hafens im Jahre 1904 und dem Entstehen einen Hafenviertels mit Geschäfts- und Lagerhäusern. Im Rahmen der Stadtentwicklung praktizierte man das Prinzip der *dual city*, einer Teilung der Stadt in einen europäischen Teil mit einem Geschäftsviertel und in die Chinesenstadt Tapatau. Obwohl für diese Trennung nach außen hin gesundheitliche und hygienische Gründe vorgegeben wurden, handelt es um eine kulturrassistische Maßnahme. Die strikte Trennung wurde dadurch wieder verwässert, dass reichen Chinesen erlaubt wurde, sich in das Europäerviertel einzukaufen und damit der Isolation zu entgehen.

Das Europäerviertel an der Auguste- Viktoria- Bucht wurde zu einer modernen und mondänen europäischen Stadt, einem Postkartenidyll ausgebaut. Mit einer Promenade, eigenem Badestrand, Strandhotel, Parks, Rennbahn, Hospital, einem Genesungsheim im Lauschangebirge sowie einem eigenen Vereinsleben. Der Bau von Straßen wurde danach ausgerichtet, dass sämtliche der acht bis zehn Meter breiten und zumeist gepflasterten Straßen in Südwest- Nordost und Südost- Nordwest Richtung verliefen. Dadurch wurde erreicht, dass bei niedriger Bebauung und kleinen Baublöcken jede Straße und Hausfassade täglich von der Sonne beschienen wurde.

Durch den Erlass baupolizeilicher Vorschriften wurden bestimmte Rahmenbedingungen für die Gesundheit, hygienische und medizinische Maßnahmen zur Bekämpfung von in China häufig auftretenden Epidemien wie Cholera, Pest, Typhus und Pocken, den Verkehr, die Festigkeit und die Feuersicherheit geschaffen. Im Europäerviertel von Tsingtau wurden zur Eindämmung von Epidemien eine Fäkalienabfuhr sowie später eine Schmutzwasserkanalisation eingerichtet. Dabei wurden durch ein Schwemmkanalisationssystem Fäkalien ins Meer, auf dem Land durch ein Eimer-, Tonnen- Abfuhrsystem entsorgt. Außerdem wurde ein modernes Trinkwasserversorgungssystem geschaffen, indem man die

Grundwasserströme der Flüsse Haipo und Litsun anzapfte und ein Wasserleitungsnetz einschließlich eines Wasserturms errichtete, um die Bevölkerung mit einwandfreiem Trinkwasser zu versorgen. Darüber hinaus wurde eine Straßenreinigung und die Abwasserbeseitigung eingerichtet.

Gleichzeitig wurde 1900 das Gouvernement- Lazarett fertiggestellt, um auftretende Epidemien wie Darmtyphus und Ruhr schnellstmöglich wirksam zu bekämpfen. Dieses stand sowohl Militärangehörigen, als auch Zivilpersonen offen und wurde 1904 durch eine Frauen- und Kinderklinik erweitert [90]. Ausserdem wurden ein Telegrafensystem und eine Funkstation errichtet. Tsingtau wurde innerhalb kurzer Zeit zu einem Klein- Deutschland in Übersee, mit Automobilen, Telefon, fließendem Wasser und elektrischem Strom.

Darüber hinaus entstanden in chronologischer Reihenfolge in Tsingtau folgende Bauten [91]:

1899 die Iltiskaserne, das große Lazarett und das Hotel Prinz Heinrich
1900 das Europäergefängnis sowie das Bahnhofsgebäude
1903 das Gouvernementsgebäude und die Bismarckkaserne
1904 die Polizeistation
1905 das Wohnhaus des Gouverneurs

Die 1910 eingeweihte, östlich der Bismarckstraße gelegene, Christuskirche der evangelischen Zivilgemeinde, deren Architekt Curt Rothkegel war, wurde zum Wahrzeichen der Stadt. Dieser hatte auch die Schwesterkirche in Windhuk in Deutsch- Südwest errichtet. Alle Gebäude hatten unverkennbar wilhelminische Züge mit roten Ziegeldächern und kaisergelben Fassaden. Die Villen der Europäer waren zur Seeseite hin ausgerichtet, Hotel- und Handelshäuser lagen entlang der Uferstraße, die meisten Geschäfte in der Friedrichstraße. In der Auguste- Victoriabucht lagen Strandpromenade und Strand, an der Strandpromenade befand sich das Hotel Prinz Heinrich. Insgesamt hatten 73 europäische Unternehmen Niederlassungen in Tsingtau, darunter Firmen wie Schwarzkopf, Wieler, Karberg, Carlowitz, Siemssen. Fast jede größere deutsche Bank hatte hier eine Filiale .Die Straßen waren schachbrettartig angelegt, dazwischen befanden sich gartenartige Grünflächen und Baumbestände.

Die Vorschriften galten weitgehend nur für das Europäerviertel. Für die Chinesenstadt, dem ehemaligen Dorf Tapautau gab es infolge der Bevölkerungsdichte nur unbedingt notwendige Regeln hinsichtlich der Bauhöhe, der bebaubaren Fläche eines Grundstücks sowie Mindestanforderungen hinsichtlich der Raumhöhe und Raumfläche.

Das Lauschangebirge auf der östlichen Halbinsel Kiautschous wurde aus sanitären und wasserwirtschaftlichen Gründen mit Laubbäumen, Akazien und Kiefern aufgeforstet, und wurde zu einem beliebten Ausflugsort für die Bewohner Tsingtaus. Insgesamt bewilligte der Reichstag in siebzehn Jahren 160 Millionen Reichsmark für den Ausbau Kiautschous zur Musterkolonie. Demgegenüber standen nur 36 Millionen Mark aus eigenen Einnahmen [92]. Da fast alle Baumaterialien, Ersatzteile und Dinge des täglichen Lebens aus Deutschland bezogen wurden, floss der größte Teil dieser Gelder wieder nach Deutschland zurück. Die meisten staatlichen Aufträge wurden von der deutschen Kolonialverwaltung an deutsche Unternehmen vergeben, nur ein geringer Anteil kam der chinesischen Wirtschaft zugute. Dennoch verlief die Entwicklung in der Kolonie in volkswirtschaftlicher Hinsicht für Deutschland enttäuschend.

5. Das Lauschangebirge

Das Lauschangebirge war ein von Tsingtau gut und schnell erreichbares Naherholungsgebiet. Die Gebirgsform erinnert ein bisschen an die Dolomiten. Ihr höchster Berg, der Lauting erreicht mit 1130 m nicht annähernd die Höhe des alpinen Gebirges. Während der Lauschan (Lao shan) sowie der Lauting ihren chinesischen Namen behielten, wurde die Namen der anderen Berge im Lauschangebirge weitgehend eingedeutscht. Sie hießen Kaiserstuhl, Wolfsberg, Prinz- Heinrich-Berg oder Iltisberg. Zur Attraktivität und zum Gesundheitszustand der Gebirge im Tsingtau trugen auch die Maßnahmen zu deren Aufforstung bei. Bis dahin hatten die Chinesen Raubbau an ihren Wäldern betrieben, indem sie Wald bis auf den letzten Halm abgekratzt hatten, was in den Regenperioden zu ungeheuren Erosionen und dem Entstehen von Wildschluchten führte. Infolge der großzügigen Aufforstungen wurden die kahlen und verkarsteten Hügel um Tsingtau mit Laub- und Nadelbäumen begrünt. Außerdem wurden baumbestandene Alleen sowie Obstbaumkulturen von den Deutschen angelegt. Diese Maßnahmen sollten auch den Tourismus im landschaftlich reizvollen Lauschangebirge fördern [93]. Hotels und Unterkünfte für einen Ausflug in das umliegende Gebirge gab es im 450 Meter hoch gelegene Mecklenburghaus, einem Genesungs- und Erholungsheim oder in einem der dort idyllische gelegenen buddhistischen Klöster. Um das Mecklenburghaus von Tsingtau besser zu erreichen, wurde eine Autostraße gebaut, die über Litsun sowie das Herzogin Elisabeth Tal führte. Ein weitere Touristenattraktion im Lauschangebirge war das Prinzenbad, das wegen seines klaren Quellwassers geschätzt wurde. Der Bergverein Tsingtau, ein Ableger des Deutsch- Österreichischen Alpenvereins sorgte für ausgeschilderte Wanderwege. Der Verein errichtete außerdem an einem dieser Wanderwege die *Urenebaude* eine im chinesischen Stil gebaute Berghütte.

6. Handel und Industrie in Kiautschou

Kiautschou war von seiner Lage und seiner Umgebung in der Schantung Provinz kein selbständiges Wirtschaftsgebiet, insbesondere mangels einer Industrie kein Industrieplatz, sondern ein Transitplatz für den Handel. Der Handel im Kiautschougebiet nahm für das Deutsche Reich insbesondere die deutsche Wirtschaft und Marine nicht die von ihm erhoffte Entwicklung. Grundsätzlich waren die Importe höher als die Exporte.

Über die wirtschaftliche Bedeutung des Kiautschougebietes hieß es in einem Artikel der Zeitschrift Kolonie und Heimat aus dem Jahre 1912:

Unsere ostasiatische Kolonie ist, wie wir gesehen haben, kein selbständiges Wirtschaftsgebiet. Das Land, das wir von den Chinesen gepachtet haben, hat in seiner Kleinheit an sich einen geringen Wert. Wertvoll ist es dadurch geworden, dass wir es durch unsere Verkehrsanlagen zum Ein- und Ausfuhrhafen des Hinterlands, der Provinz Schantung gemacht haben. Tsingtau ist also- abgesehen von seiner Eigenschaft als Flottenstation-zunächst Handelsplatz, wird aber voraussichtlich mit der Zeit, wenn sich die Provinz Schantung mehr entwickelt hat, auch Industrieplatz werden. Dieser Entwicklung sucht man schon heute durch geeignete Maßnahmen den Boden zu bereiten, in erster Linie dadurch, dass man das Pachtgebiet am 1. Januar 1906 an das chinesische Zollgebiet angegliedert hat. Früher fand die Verzollung der Einfuhrwaren erst an der Landesgrenze statt. Jetzt ist nur noch das engere Gebiet des Großen Hafens Freihafenbezirk, und die Verzollung erfolgt schon am Hafen. Damit wird bezweckt, industriellen Unternehmungen in unserer Kolonie, welche die Rohstoffe des Hinterlandes verarbeiten und ihre Produkte auch dort wieder absetzen wollen, den Zoll zu ersparen.

Die Umgebung die Schantungprovinz galt unter den Provinzen in China eher als arme Provinz, die als ackerbauendes Land von dem lebte, was der Boden einbrachte und damit mehr schlecht als recht immerhin 40 Millionen Chinesen ernähren musste. Soweit es in der Provinz Schantung Industrie gab, waren diese als Holz und Eisen verarbeitende Produktionsunternehmen lediglich eine Hilfsindustrie für den Ackerbau.

Daneben gab es eine Seiden- und Strohgeflechtindustrie, die einem geringen Bevölkerungsteil Arbeit und Lohn bot. Verbreitet waren im Schantunggebiet vor allem die Zucht von Seidenraupen und die Seidenweberei. An diese altheimische Industrie knüpfte die Chinesische Seiden- Industrie Gesellschaft mit Sitz in Tsangkon, etwa anderthalb Stunden von Tsingtau entfernt, an. Die dort gelegene Fabrik stellte jedoch nur Seidengarn her. Verwebt wurde dieses zum größten

Teil im niederrheinischen Krefeld. Im Jahr 1906 Seide im Gesamtwert von über 2 ½ Millionen Mark ausgeführt. Mit der Seidenproduktion befasste sich auch die Deutsch- Chinesische- Industriegesellschaft. Diese baute 1902 in Tsingtau eine Seidenfabrikationsanlage, die jedoch aufgrund anhaltender Verluste 1909 wieder geschlossen wurde.

Neben dem Handel mit Seide spielte in der Provinz Schantung auch der Handel mit Strohborten eine Rolle. Dabei handelte es sich um aus Stroh geflochtene Bündel von verschiedener Breite, die vor allem für die Herstellung von Strohhüten benutzt und zum größten Teil nach Europa und Amerika exportiert wurden. Zu den Tsingtauer Exporten gehörte auch Salz, das an der Kiautschou Bucht gewonnen und vor allem nach Russland und Südchina verkauft wurde, Erdnüsse, Öl und Kohle sowie Tierprodukte aus dem Schlachthof von Tsingtau.

Zu den Importen gehörten vor allem Baumaterialien, Baumwolle, Petroleum, Papier und Farbstoffe. Zwar erhöhten sich Ein- und Ausfuhr dank der von den Deutschen beim Hafenausbau vorgenommenen Investitionen ständig, trotzdem blieb jedoch ein Großteil der Unternehmen in Tsingtau von Aufträgen der öffentlichen Hand abhängig. Außerdem gelang es den deutschen Behörden nicht hinreichend Investoren für das Pachtgebiet zu finden.

Die europäische Kaufmannschaft hatte sich am 15. September 1909 zu einer Handelskammer zusammengeschlossen. Dies wirkte sich jedoch nicht zugunsten des Deutschen Reiches aus, das hohe Kosten für den Ausbau von Kiautschou getragen hatte, die letztlich nur den Japanern und Chinesen zugute kamen. So lagen die Deutschen 1907 bei den Einfuhren erst auf dem vierten Platz nach den Japanern (50- 55 %), den Engländern (20- 25 %) und den Amerikanern (15 %). Der deutsche Anteil sank bis 1913 auf 8 %.

Trotz der riesigen Summe von 200 Millionen Goldmark, die an Investitionen für den Aufbau des Pachtgebietes dorthin geflossen sind, galt Kiautschou ab 1912 als finanziell unabhängig. Die Einfuhren aus dem Durchgangshandel lagen in diesem Zeitraum bei 112,5 Millionen, die Ausfuhren bei 79,6 Millionen Goldmark. Die Einnahmen erhöhten sich noch durch die Hafengebühren und die Einnahmen der Gouvernementswerft. Wesentlich zu dem positiven Ergebnis trugen die Einnahmen der Schantung Eisenbahn aus Güter- und Personenbeförderung bei. Letztlich erwiesen sich die Investitionen und das wirtschaftliche Engagement Deutschland in Kiautschou jedoch als Fehlschlag. Der Gesamtwert des Handels in Kiautschou betrug im Jahre 1913 nach der amtlichen Zollstatistik 95 Millionen Dollar (ca. 200 Millionen Mark), die Gouvernementseinnahmen stiegen von 30.000 Mark im Jahre 1899 auf 5,3 Millionen Mark im Jahre 1906, auf 2,4 Millionen

Mark im Jahre 1909, auf 5,3 Millionen Mark im Jahre 1911, auf 7,2 Millionen Mark in 1913 und 7,8 Millionen Mark in 1914. Darin waren 358.956 Mark aus Landverkäufen, 215.418 Mark Grundsteuer, 244.598 Mark Hafengebühren und 996.283 Mark aus Kojenverwaltung enthalten [94].

Mit dem Ausbau und Wachstum von Tsingtau zum Handelszentrum wuchs nicht nur die Zahl der europäischen Firmen, sondern auch die Anzahl der chinesischen Firmen. Die Chinesen sind von Natur aus gute Kaufleute, sie hatten vor allem eine gute Nase dafür, wo und ob es irgendetwas zu verdienen gibt. Das Verhalten der Chinesen ist insoweit ein guter Barometer für die wirtschaftliche Entwicklung im Pachtgebiet. In China war der Kaufmannstand von alters her der renommierteste neben den Gelehrten und Literaten und noch vor den Militärs.

Neben den Chinesen entdeckten auch die Japaner Tsingtau als Handelszentrum, die mit Niedrigpreisen die europäischen Händler unterboten. Die Japaner machten in Kiautschou bereits 14 % der nichtchinesischen Bevölkerung aus. Nach deutschem Vorbild wurde in Tsingtau auch eine Handelskammer gegründet, in der die gesamte europäische Kaufmannschaft Mitglied war. Die Handelskammer nahm die allgemeinen Interessen des Handels, der Industrie und des Gewerbes wahr. Bestehende Übelstände wurden beseitigt, außerdem machte sie auf neue Erwerbsquellen aufmerksam und vermittelte in Streitfällen schiedsgerichtliche Lösungen. Ein wichtiger Exportartikel der Provinz Schantung war die Kohle.

Der Kohlebergbau hatte in der Provinz Schantung Tradition. Die Steinkohlevorkommen war für die Deutschen und insbesondere für von Richthofen ein wesentliches Argument für die Wahl des Kiautschougebietes als Pachtgebiet in China. Um diese Kohlevorkommen bestmöglich zu nutzen, gründeten die Deutschen als erstes die Schantung- Bergbau- Gesellschaft.

7. Die Schantung Bergbaugesellschaft

Am 1. Juni 1899, dem gleichen Tag wie die Schantungeisenbahngesellschaft wurde die Schantung- Bergbaugesellschaft, ebenfalls als Aktiengesellschaft gegründet. Da beide Gesellschaften sich in der Hand desselben Syndikates befanden, wurden sie miteinander verschmolzen. Das Grundkapital der Gesellschaft betrug 14 Millionen Mark, ihr Sitz befand sich in Tsingtau. Um jedem auch Chinesen eine Beteiligung an der Gesellschaft zu ermöglichen, wurde Aktien zu je 300 Mark ausgegeben. So war z.B. auch der Gouverneur von Tsinanfu Aktionär der Gesellschaft. Anders als die Eisenbahngesellschaft hatte die Bergbaugesellschaft mit weit weniger großen Schwierigkeiten zu kämpfen. Da die Berg-

baugesellschaft vor Aufnahme der Arbeiten die benötigten Ländereien von den Chinesen aufgekauft hatte, war deren Widerstand vergleichsweise gering. Der Bergwerkbetrieb beeinflusste ein räumlich viel kleineres Gebiet als der Eisenbahnbau [95]. Bereits kurz nach Errichtung der Bergbaugesellschaft im Sommer 1899 begann diese mit Untersuchungen und Probebohrungen in Weixan und Yizhoufu. 1902 wurden Förderanlagen an der Fangzi Grube bei Weixan in Betrieb genommen. Der Schacht lag nicht unmittelbar an der Eisenbahnstrecke, sondern war mit dieser durch eine 2,4 km langen Zweigbahn verbunden [96].

Mittels moderner Technik gelang es dort gleich drei Schächte bis auf maximal 375 Meter Tiefe abzuteufen [97]. Für den Abbau der Kohle wurden anschließend von den Schächten aus Richtstrecken sowie Querschläge angelegt und danach die Fördertechnik installiert.1912 arbeiteten in der Fangzi Grube 2330 chinesische Arbeiter von chinesischen Subunternehmern.

Die Kohle aus der Fangzi Grube entsprach von ihrer Qualität nicht den Erwartungen. Insbesondere eignete sie sich weniger für die Befeuerung der deutschen Kriegsschiffe. So beklagten Ingenieure, dass die Kohle zu unwirtschaftlich und für Schiffskessel und Dampflokomotiven unbrauchbar sei. Die Heizer auf den Schiffen beklagten sich, dass die Kohle trotz angestrengten Arbeitens kaum Dampf halten konnte, die Kommandanten der Schiffe bemängelten, dass sie aufgrund der starken Rußentwicklung innerhalb kurzer Zeit die weiße Farbe ihrer Schiffe verändere, mehr noch als die bislang verheizte japanische Kohle. Die Kohle konnte deshalb zunächst nur auf dem lokalen Markt für Hausbrandzwecke verkauft werden. Dazu wurde sie in einer Fabrik zu Briketts verarbeitet. Die Qualität der Kohle verbesserte sich jedoch in größerer Tiefe, außerdem wurde in 1906 eine Kohlewaschanlage in Betrieb genommen wurde. Die gewaschene Kohle eignete sich danach auch für Dampfschiffe.

Die Bergbaugesellschaft hatte von Beginn an keine Probleme für den Bergbau genügend Arbeiter zu bekommen, da die Chinesen von alters her an den Bergbau gewöhnt waren. In der Fangzi Grube arbeiteten ca. 2000 Grubenarbeiter sowie 50 deutsche Beamte und Vorarbeiter. Für sie wurde eine Schule errichtet, in der auch Sonntag ein evangelischer Gottesdienst stattfand, zu dem der evangelische Pfarrer aus Tsingtau kam. Die katholische Mission unterhielt in Fangzi eine eigene Missionsstation, in welcher am Sonntag auch Gottesdienst stattfand.

Nach der Fangzi Revier wurde 1907 ein zweites Kohlenrevier in Poschan, etwa 290 Kilometer von Tsingtau in Betrieb genommen. Dieses war durch eine 30 Kilometer lange Zweigbahn mit der Haupteisenbahnstrecke verbunden. Dieses Kohlenrevier war sehr viel ausgedehnter als das von Fangzi. Dort arbeiteten insgesamt 1300 Grubenarbeiter unter 24 deutschen Beamten. Die in Poschan geförderte Kohle war von besserer Qualität als die Fangzi Kohle. Schließlich wurde bei I Tschou im Süden der Schantung Provinz ein drittes Kohlenrevier eröffnet, das jedoch nur von Chinesen ausgebeutet wurde. In nächster Nähe des Poschan Kohlenreviers wurden am Berg Tieschan, dem Eigenberg, Eisen abgebaut. Das Gestein dieses Berges bestand aus Magnet- und Roteisenstein, der einen Eisenanteil von 65 v.H. enthielt. Um die Erze zu verhütten sollte bei Tsangkou in der Nähe von Tsingtau für 100 Millionen Mark ein großes Eisen-, Stahl- und Walzwerk mit zwei Hochöfen errichtet werden. Den für die Verhüttung notwendigen Hüttenkoks sollte eine Großkokerei liefern, die dem Steinkohle Bergwerk angliedert werden sollte. Das Projekt wurde letztlich durch den Ausbruch des ersten Weltkrieges verhindert [98].

Die in Fangzi und Poschan abgebaute Kohle musste auch mit der ungleich billigeren Kohle aus subventionieren chinesischen Bergwerken konkurrieren. Deren Weiterbetrieb sicherte die Bergbauregulative im Kiautschou Pachtvertrag ausdrücklich. Wegen dieses Konkurrenzdruckes durch chinesische Bergwerke verzichtete die Schantung- Bergbaugesellschaft 1909 gegen eine Entschädigungszahlung auf die noch ihr zustehenden, aber noch nicht genutzten Schürfrechte zur Erschließung in der neutralen Zone neben der Eisenbahnstrecke. Es blieb danach nur noch der Betrieb der Minen in Fangzi und Poschan.

Anfang 1913 führte die schwierige wirtschaftliche Lage der Bergbaugesellschaft dazu, dass die Schantung Bergbaugesellschaft im Rahmen einer Verschmelzung von der Schantung Eisenbahngesellschaft übernommen wurde [99]. Die Schantung Bergbaugesellschaft war weniger ertragreich als die Eisenbahngesellschaft, da sie sich als ein Verlustunternehmen erwies, das nie Dividende zahlte. So wurde in Schantung im Jahre 1908 nur ein Fünftel der Jahresförderung eines größeren schlesischen Bergwerkes gefördert wurde [100]. Der Verlust im Jahre 1913 betrug 1.237.111 Mark.

Außer Eisen wurden im Schantung Gebiet noch Gold, Silber, Kupfer, Zinn und Glimmer abgebaut, für deren Ausbeutung der Pachtvertrag den Deutschen ebenfalls ein Monopol sicherte. Ein Grund für die Verluste des Bergbaus war die Konkurrenz der vielen kleinen chinesischen Bergbauunternehmen. Weitere weniger bedeutsame Industrien als der Bergbau war in der Schantung Provinz noch die Glas-,Ton und Emaillieindustrie. Von diesen stellte die Glasindustrie weniger Glasscheiben her als vielmehr Glasflaschen, Gläser oder Glasperlen. Glasfensterscheiben waren in Chian weniger verbreitet, die Fenster bestanden zumeist aus einem Holzgitterwerk, das mit Papier überzogen war. Glaswaren waren vielfach gemalt oder die Sachen waren aus farbigem Glasfluss hergestellt.

81

8. Banken und Währung

Zahlungsmittel in Tsingtau sowie im ganzen Küstenverkehr war ursprünglich der sogenannte Tael, für den es jedoch keine Münzen gab. Er basierte auf dem Gegenwert kleiner Silberklumpen, auf denen jeweils das Ausgabedatum eingestempelt war [101]. Im Pachtgebiet gab es vier chinesische und zwei deutsche Banken. Die wichtigste Bank war die Deutsch- Asiatische Bank. Diese gab seit 1907 erstmals Banknoten zu 1, 5, 10 und 20 Tael aus, die sich am mexikanischen Dollar orientierten. Ihre Deckung bestand aus entsprechend vorhandener Tael-Währung. Dadurch konnten ausgeprägte Kursschwankungen verhindert werden. Bis 1907 waren unhandliche Dollarstücke die meist gebräuchlichsten Zahlungsmittel im Kiautschougebiet. Daneben bezahlte man insbesondere Kleinbeträge z.B. in Restaurants auch mit Schuldscheinen, den sogenannten Chitas. 1907 erfolgte die Ausgabe von Papiergeld der Deutsch- Asiatischen Bank in 1-, 5-, 10-, 25- und 50 Dollar Noten. Die Banknoten wurden auch in anderen Teilen Chinas wie Shanghai, Tientsin oder Peking gehandelt. Aus der alten chinesischen Naturalwirtschaft wurde eine moderne Geldwirtschaft. Die Hypothekenbank durfte Immobilien im Pachtgebiet gegen Zahlung einer 25% igen Steuer verleihen.

9. Die Schantung Eisenbahngesellschaft

In den Pachtvertragsbestimmungen vom 6. März 1898 (II. Teil Artikel III) hatte sich Deutschland Sonderrechte einräumen lassen, die den Bau und den Betrieb von Eisenbahnen und Bergwerken in der Provinz Schantung ermöglichten. Von diesen Sonderrechten sollte vor allem die deutsche Wirtschaft wie Stahlindustrie Banken und Schifffahrt durch sichere Gewinne profitieren [102].

Eine Eisenbahnlinie sollte Kiautschou mit dem wirtschaftlichen Zentrum der Provinz Schantung am Kaiserkanal um die Hauptstadt Jinan verbinden. Vorgesehen war eine spätere Weiterführung bis nach Yizhou. Am 1. Juni 1899 übertrug der Reichskanzler einem Syndikat aus deutschen Großbanken und der Großindustrie die Konzession zum Bau und Betrieb einer Eisenbahnlinie zwischen Tsingtau und Jinan. Außerdem übertrug er der von dem gleichen Syndikat gebildeten Schantung- Bergbaugesellschaft die Konzession zur Anlage und zum Betrieb von Bergwerken in der 30 Li Zone beiderseits der Eisenbahntrasse.1899 wurde daraufhin die Schantung- Eisenbahngesellschaft als Aktiengesellschaft mit einem Grundkapital von 54 Millionen Mark gegründet. Der Pachtvertrag sah zwar vor, dass Einzelheiten bezüglich Eisenbahnbau und Bergbau in gesonderten Verträgen mit den Chinesen vereinbart werden sollten. Deutschland hielt sich jedoch nicht daran, sondern wollte beim Bau eintretende Schwierigkeiten gegebenenfalls in Einzelfällen regeln. Im Sommer 1899 begannen die Vermessungs-arbeiten für die Linienführung der Eisenbahntrasse, am 23. September 1899 die ersten Erdarbeiten in Tsingtau. Das gesamte Baumaterial für den Eisenbahnbau, insbesondere das Material für die Brücken, die eisernen Schwellen sowie das erforderliche Kleineisenzeug mit einem Gesamtgewicht von 65.000 Tonnen wurde aus Deutschland angeliefert [103]. Dazu waren im Sommer 1899 Verträge im Werte von 25 Millionen Mark mit deutschen Firmen abgeschlossen worden.

Arbeiten wie Erdaufschüttungen und Transporte wurden gelegentlich auch von chinesischen Subunternehmen, Konstruktionsarbeiten zum Teil von Chinesen unter deutscher Leitung ausgeführt. Teilweise arbeiteten auf einer Baustelle bis zu 25.000 chinesische Arbeiter unter schlechten Arbeits- und Lebensumständen. Ansteckende Krankheiten wie Typhus und Cholera forderten unter den Arbeitern viele Todesopfer. Dies war einer der Gründe für die sich in den Jahren 1899 und 1900 gegen den Eisenbahnbau bildenden Widerstände und Aufstände seitens der Chinesen. Diese konnten letztlich durch deutsches Militär und die chinesi-sche Polizei niedergeschlagen werden, so dass am 8. April 1901 der erste Streckenabschnitt von Tsingtau nach Kiautschou in Betrieb genommen wurde

Bei der Errichtung des ersten Streckenabschnitts baute man gegenläufig, d.h. von Tsingtau vorwärts sowie von Kiautschou rückwärts. Am 9. Februar konn-ten beide Gleisspitzen der beiden von Tsingtau bzw. Kiautschou vorgetriebenen Teilstrecken zusammengeschlossen werden [104]. Im Dezember 1901 erreichte die Eisenbahntrasse Tschang Ling, 128 Kilometer von Tsingtau entfernt, im Juli 1902 das 183 Kilometer entfernte Kohlenrevier von Weihsien sowie 1904 die Provinz-hauptstadt Tsinan (Jinan). Am 1. Juni 1904 waren die Arbeiten beendet und der reguläre Verkehr der insgesamt 394 Kilometer langen Strecke zwischen Tsingtau und Jinan konnte aufgenommen werden. Die Spur betrug 1,44 Meter und eignete sich auch für den Einsatz großer Waggons mit Doppelachs- Drehgestellen. Man entschied sich damit bewusst gegen die in Deutsch- Südwest gebaute kosten-günstigere Ein- Meter Kapspur. Die Eisenbahn war eingleisig mit Normalspurweite, wobei genügend Platz für die Anlegung einer zweiten Spur gelassen wurde.

Eine Fahrt zwischen Tsingtau und Jinan dauerte bei insgesamt 56 Haltestationen, eine Haltestation auf 7,2 km, zwölf Stunden, statt der vorher für einen Transport über Land benötigten 10 bis 12 Tagen. Bei jeder Haltestation gab es ein Überho-lungsgleis, bei größeren Haltestellen die nötige Anzahl von Nebengleisen, dazu Empfangsgebäude, Güterschuppen und Wärterhäuschen. Das Wagenmaterial umfasste 690 Güterwagen, 107 Personen- und Gepäckwagen und 27 Lokomo-tiven [105]. Diese waren vielfach nach Persönlichkeiten benannt, welche mit der Geschichte des Bahnbaues zusammenhingen.

Das für den Eisenbahnbau benötigte rollende Material wurde allesamt von Deutschland nach Kiautschou geliefert. Der Verschiffung nach Tsingtau übernahmen die deutschen Reedereien Norddeutscher Lloyd und Hapag. Bis Ende 1901 wurde auf diese Art insgesamt 60.000 Tonnen Material mit 16 Dampfern von Hamburg, Bremerhaven und Emden nach Tsingtau geliefert. Andere Baumaterialien wie Zement, Bauholz, Telegrafenstangen und andere für den Eisenbahnbau benötigte Gegenstände wurden aus Kostengründen mit Segelschiffen transportiert. Einige dieser Segler wie z.B. die *Henry Clement, Scherlandshire, Socotra und Occident* verunglückten, die Ladung, vielfach Zement, kam niemals in Tsingtau an. Probleme ergaben sich auch bei der Löschung der Ladung, weil die Hafenanlagen in Tsingtau noch nicht fertiggestellt waren. Die ankommenden Schiffe mussten daher auf der Reede ankern, die vor Wind und Seegang nicht geschützt war. Dort wurden die Materialgüter auf Leichter umgeladen. Dabei kam es häufig zu Unfällen, bei denen die Leichter kenterten oder auf Grund liefen [106]. Nach der Fertigstellung einer Landungsbrücke im Jahre 1901 im Kleinen Hafen konnten Dampfer mit einem Tiefgang von 4,5 m sowie Leichter anlegen. Dort gab es auch einen Gleisanschluss, von dem das Material aus per Bahn weiter transportiert werden konnte. Die für den Seetransport zerlegten Teile wurden anschließend in Tsingtau oder in Kiautschou in einer provisorischen Montagewerkstatt unter Anleitung von europäischen Ingenieuren, Assistenten oder Bauaufsehern durch chinesische Arbeiter, Schlosser, Schmiede, Monteure und Tischler wieder zusammengesetzt.

Von den 600 bei der Eisenbahngesellschaft beschäftigten Angestellten waren neun Zehntel Chinesen. Sie waren im Verwaltungsdienst als Sekretäre und Assistenten, im Stations- und Außendienst als Stationsvorsteher, Telegraphen, Weichensteller, Wagen- und Rangiermeister, Zugführer, Schaffner sowie im technischen Dienst als Lokomotivführer beschäftigt [107]. Ihre Fachausbildung erhielten sie in einer von der Katholischen Mission aufgebauten Eisenbahnerschule.

Die Baukosten für die Eisenbahn betrugen insgesamt 52 Millionen Mark und blieben damit um zwei Millionen Mark unter dem ursprünglichen Ansatz. Mehr als die Hälfte von diesem Geld floss davon für Lieferaufträge an deutsche Firmen zurück, nur 30 % der Kosten verblieb definitiv in China und kam der chinesischen Wirtschaft zugute. An chinesische Unternehmer wurden vor allem das Verlegen des Gleises sowie der größte Teil der Erd- und Maurerarbeiten vergeben. Die chinesischen Firmen erwiesen sich bei der Ausführung der Arbeiten als leistungsfähig und zuverlässig. Geplant war eine Weiterführung der Eisenbahnstrecke bis ins Yangtsetal, die jedoch am Beginn des 1. Weltkrieges scheiterte. In der Provinzhauptstadt Tsinan bestand ein Anschluss an das 435 Kilometer entfernte Kohlenrevier bei Poschan in Normalspurweite.

Beim Bau der Eisenbahnlinie hatte die Schantung- Eisenbahngesellschaft ungewöhnliche Schwierigkeiten zu meistern. Fremdenfeindliche Agitatoren machten Stimmung gegen den Eisenbahnbau, indem sie ihn als Teufelswerk bezeichneten. Die Landbevölkerung befürchtete, dass durch den Bau Bewässerungskanäle abgeschnitten würden und der Abfluss der Flüsse und Bäche durch den Bahndamm und die Brücken mit zu engen Durchlässen behindert werden könnte und es so zu Rückstaus und Überschwemmungen kommen könnte.

Probleme bereitete insbesondere der Bodenerwerb angesichts der Unübersichtlichkeit der chinesischen Eigentumsverhältnisse. Auch die Gräberfrage war vielfach schwierig. Viele Gräber befanden sich unmittelbar in der Nähe der geplanten Streckenführung. Dadurch sah man die Totenruhe als gefährdet an, was nur dadurch vermieden werden konnte, dass die Geister der Toten vor allem mit Geldzahlungen besänftigt werden mussten. Diese waren anschließend damit einverstanden eine neue Ruhestätte an einem anderen Platz zu bekommen.

Der Beginn des Eisenbahnbaus fiel zudem in die Zeit der Boxerunruhen. Die sich gegen die Fremden erhebenden Boxer hatten vornehmlich ein Ziel: Vertreibung der Fremden und Erhaltung der Mandschudynastie. Ihre Aktionen richteten sich dabei vor allem auch gegen die beim Bahnbau beschäftigten Chinesen. So wurde ein Lohngeldtransport überfallen und ein Anschlag gegen ein Sprengstoffmagazin der Bahnbauer verübt. Außerdem wurden Vermessungspfähle herausgerissen. Plünderungen der Baubüros waren in dieser Zeit an der Tagesordnung.

Unterstützung fanden die Boxer anfänglich durch den Gouverneur der Provinz Schantung Yu Hsien in Tsinanfu. Dies hatte zur Folge, dass die Bauarbeiten zeitweise eingestellt werden mussten und beim Bahnbau beschäftigte Arbeiter und Angestellte um ihr Leben fürchteten und flüchteten. Darüber hinaus beeinträchtigten zahlreiche Diebstähle von Baumaterialien den Bahnbau. Daraufhin verfügte der Gouverneur in Tsintau zeitweiligen militärischen Schutz für den Bahnbau. Dafür wurde ein Kontingent von Marineinfanteristen und Kavalleristen unter Führung des Seewehr- Hauptmannes Mauwe von Tsingtau nach Kaumi verlegt.

Erst nachdem der Gouverneur Yu Hsien abberufen worden war und durch den neuen Gouverneur General Yuan Schi Kai ersetzt worden war, der klug genug war, sich mit den Fremden gut zu stellen, änderte sich die Sachlage. Es kam zu einem *Beruhigungserlass*. Danach verteilte der neue Gouverneur chinesische Truppen zum Schutz entlang der gesamten Bahnstrecke bis nach Tsingtau. Schließlich erklärte auch der Kaiserhof den Weiterbau der Bahnstrecke zur Chefsache.Die Schwierigkeiten konnten weitgehend ausgeräumt werden durch den Erlass eines Eisenbahnregulatives am 21. März 1900, in dem sich der neue

Gouverneur von Schantung Yuan Schi Kai verpflichtete, die Eisenbahn bei den Vorarbeiten und während des Baus und anschließenden Betriebs wirksam zu schützen. Danach konnten die Arbeiten an der Bahn wieder in vollem Umfang aufgenommen werden, größere Störungen des Baubetriebes blieben aus bis zur Fertigstellung der Eisenbahnlinie bis Tsinanfu am 1. Juni 1904. Danach öffnete die chinesische Regierung auch die an der Eisenbahnstrecke gelegenen Städte Weihsien, Tschoutsun und Tsinanfu für den internationalen Handel, wobei in der Nähe dieser Orte Bezirke geschaffen wurden, in denen Ausländer Land pachten, wohnen und Handel treiben durften. Es gab zunächst pro Tag je einen durchgehenden Zug in beide Richtungen und sechs Lokalzüge auf bestimmten Streckenabschnitten.

Nach der Fertigstellung der Bahnstrecke Pukow- Tientsin,die überwiegend durch deutsche Anleihe Emissionen finanziert wurde, war Kiautschou von Berlin aus über die Hauptstädte Peking und Nangking am Unterlauf des Jangtse- Kiang nach einer 13 tägigen Reise für 536,75 Mark mit der Transsibirischen Eisenbahn zu erreichen.

Staatssekretär Tirpitz schrieb hierüber in seinen Erinnerungen [108]:

Weil jedoch an der gesamten chinesischen Gelbmeer-Küste kein einziger natürlicher Hafen lag, bot Tsingtau die Möglichkeit einer günstigen Eisenbahnverbindung als Ausgangsbucht für Peking, ja sogar-was ich zuerst noch nicht übersah-für die Linie nach Moskau über Irtusk, wodurch die beste Verbindung von Europa nach Ostasien nebst Australien bestand.

Eine Reise mit dem Schiff dauerte mindestens sechs Wochen
.

Die technischen Schwierigkeiten waren beim Bahnbau nicht allzu groß, da die Streckenführung meist in der Ebene und zu den Füßen des Berglandes verlief. In den Überschwemmungsgebieten wurden bepflanzte Böschungen angelegt, die durch Steinbelag oder Pflasterung besonders befestigt wurden. Außerdem wurden 836 einzelne Brücken mit 984 Öffnungen errichtet. Die größte Brücke war die Pai- scha ho Brücke mit insgesamt acht Öffnungen.

Im Personenverkehr gab es Waggons der 1. und 2. Klasse sowie für Chinesen Wagen der 3. und 4. Klasse. Alle Wagen der 4. Klasse waren ohne Bänke und wurden ausschließlich von Chinesen benutzt. Im Jahre 1906 wurden wöchentlich 15800 Personen befördert. Im Frachtverkehr wurden Kohle, Koks und Briketts der Schantung- Bergbaugesellschaft aus dem Kohlerevier von Weihsien befördert. Für den Güterverkehr schuf die Eisenbahngesellschaft die erforderlichen

Zufahrtsstraßen. Dabei war für die Abfertigung des Güterverkehrs auf dem Land Karrenfahrten von einem Sammelpunkt zu einer Eisenbahnstation organisiert. Die Schantung Eisenbahn hatte im Betriebsjahr 1908/ 1909 über 550.000 Güter und mehr als 715.000 Personen befördert. Dabei verkehrten ab 1908 täglich 16 Züge. Im Jahr 1913 stieg die Anzahl der beförderten Fahrgästen nochmals auf 1,3 Millionen an. Auf der zweigleisig ausgebauten Strecke Tsingtau- Tsinanfu verkehrten seit 1908 Schnellzüge, die nur an wenigen Halteplätzen anhielten. Den Anschluss- und den Regionalverkehr besorgten Personenzüge.

Der stetig steigende wirtschaftliche Erfolg der Schantung-Eisenbahngesellschaft zeigte sich an den ausgeschütteten Dividenden, die von 2 % im Jahre 1904, auf 3,25 % im Jahr 1905 bis 5 % im Jahr 1913 anstiegen. Dazu wurden noch Superdividenden gezahlt 1,5 % im Jahre 1910 sowie 2,5 % im Jahre 1913. Bereits im Jahr 1905 wurde ein Gewinn von 380000 Mark erzielt. Von der Eisenbahnstrecke profitierte wirtschaftlich vor allem die lokale Elite in den Regionen entlang der Eisenbahn.

10. Der Wege- und Straßenbau

Die von den Deutschen in Kiautschou angetroffenen Straßen- und Wegeverhältnisse waren katastrophal. Der vorgesehene zukünftige Hafenplatz hatte keine wirksame Anbindung an das Hinterland der Provinz Schantung. Die wenigen Straßen dort waren oft nur schwer passierbare Holperpisten oder Feldwege. Selbst zwischen großen Ortschaften gab es nur ausgefahrene Karrenwege als Verkehrsverbindungen. Als Verkehrsmittel auf diesen Wegen dienten in erster Linie Schubkarren bzw. zweirädige bespannte Karren oder Segelschubkarren. Nach einem Regen waren auch diese wegen des bodenlosen Schlammes für die zweirädrigen Maultierkarren nicht mehr befahrbar, so dass an ein Weiterkommen nicht zu denken war. Die meisten Lasten mussten auf dem Rücken von Ponys, Eseln, Maultieren oder primitiven Schubkarren transportiert werden. Ein Transport von Waren über eine längere Strecke war auf diesen Wegen unmöglich. Begüterte Chinesen ließen sich, um der Unbequemlichkeit einer Wagenfahrt aus dem Wege zu gehen, vielfach in einer Sänfte von zwei oder vier Trägern transportieren.

Die wenigen Flüsse im Kiautschougebiet waren nicht schiffbar. Insoweit war für jede weitere Landesentwicklung der Eisenbahnbau vordringlich. Der Ausbau eines modernen Straßen- und Wegenetzes gehörte deshalb zu den bedeutendsten Errungenschaften der deutschen Kolonialzeit, wobei viele Straßen in Tsingtau sogar asphaltiert waren.

11. Die Häfen von Tsingtau

Tsingtau wurde 1898 als Freihafen offiziell anerkannt. Im Rahmen der Bebauung und Stadtentwicklung von Tsingtau war die Anlage von zwei seeganggeschützten Häfen mit festen Anlegestellen geplant. Dabei wurde zuerst der Kleine Hafen für den chinesischen Regionalverkehr unterhalb des Chinesenstadtteils Tapautau gebaut. Dieser wurde 1900/ 1901 fertiggestellt und verfügte über eine 160 Meter lange eiserne Lade- und Löschbrücke für Küstendampfer und Leichter. Dieser Kleine Hafen erhielt außerdem Gleisanschluss zur Abfertigung von Ladungsgüter für den Eisenbahnbau.

Nach Fertigstellung des Kleinen Hafens wurde mit den Bau des Großen Hafens für die Überseeschifffahrt begonnen [109]. Er wurde 1904 fertiggestellt. Zum Projektleiter des Hafenausbaus wurde 1899 der Geheime Admiralitätsrat Emil Rechtern, ehemaliger Hafenbaudirektor von Wilhelmshafen benannt. Die Erstellung des Großen Hafens wurde ordnungsgemäß ausgeschrieben, den Zuschlag erhielt dabei die Privatfirma Vering.

Der Große Hafen wurde unter Zuhilfenahme einiger Felsenriffe zur Fundamentierung und unter Einschluss der natürlichen Hafeninsel, aus denen man zusammen eine 4550 Meter lange einseitige Umfassungsmauer bildete, die eine ringförmige Schutzmole darstellte, gleichsam in das Meer hineingebaut [110]. Die Mauer diente vor allem als Schutz vor hohem Seegang in der Kiautschoubucht sowie als Schutz der Hafeneinfahrt vor Versandung. Die Wassertiefe im Hafen sowie in der Zufahrtrinne betrug 9,5 Meter. Für den Bau der Anleger- Kaizungen mit den Namen Mole I und Mole II, die 100 Meter breit und 600- 700 m lang waren, wurden Pfähle eingerammt, der Innenraum zwischen den Pfählen mit Sand ausgefüllt und anschließend nach Einsetzung des Pfahlrostes einbetoniert. Beide Molen erhielten Gleisanschlüsse.

Am 6. März 1904 war die feierliche Eröffnung des Großen Hafens mit einer Einweihungsfeier auf der Mole I. Gouverneur Oskar Truppel hielt die Laudatio, der Hafendirektor Julius Rollmann die Festrede. Anschließend wurde auch die Mole II in Betrieb genommen, wo sich die Liegeplätze für die großen Ozeandampfer befanden. Neben der Hafeneinfahrt wurde die Gouvernementswerft errichtet, die mit einem 150 Tonnen Kran und einem 16.000 Tonnen- Schwimmdock ausgerüstet war. Darin wurden Schiffe gebaut oder repariert sowie Maschinenbauarbeiten durchgeführt. Die Werft enthielt darüber hinaus eine Stahl- und Kupferschmiede, eine Gießerei, eine Schlosserei, eine Tischlerei und ein Materialmagazin. Die Werft war einer der größten Arbeitgeber für chinesische Arbeitskräfte in Kiautschou. Sie diente nicht nur der Marine, sondern nahm auch zivile Aufträge jeder

Art an. Während im Jahre 1899 im Hafen von Tsingtau noch 192 Schiffe mit 226.000 Tonnen Fracht registriert wurden, waren es im Jahre 1906 insgesamt 439 Schiffe, davon 438 Dampfer und ein Segler, die den Hafen von Tsingtau angelaufen sind [111]. Von diesen Dampfern waren die meisten von der Hamburg-Amerika Linie. Diese bediente mit ihren Postdampfern regelmäßig die Strecken Shanghai Tsingtau sowie Tsingtau und Tietsin sowie alle 14 Tage die Strecke nach Kobe in Japan. Ab 1908 stand Tsingtau bereits an siebenter Stelle aller chinesischen Häfen im Jahre 1910 sogar an vierter Stelle. Im Jahre 1911 wurden 590 Schiffe mit 1.257.000 Tonnen Fracht registriert, 1913 liefen den Hafen von Tsingtau 902 Frachtdampfer und Passagierschiffe an, davon waren 600 ausländische Schiffe. Der Verkehr zwischen den chinesischen Küstenhäfen wurde von chinesischen Dschunken besorgt. So wurden im Hafen von Tsingtau jährlich ca. 4000 Dschunken abgefertigt.

Im Hafengebiet von Tsingtau befand sich auch die Gouvernementswerft, in der sowohl Kriegsschiffe, als auch Handelsschiffe gewartet und repariert wurden. Die Werft besaß einen 150 Tonnen Kran sowie ein eisernes Schwimmdock von 16.000 Tonnen. Der Werft angeschlossen war eine Lehrlingsschule, in der die Werft ihren leistungsfähigen Nachwuchs ausbildete.

12. Die Post in Tsingtau

Der Ausbau des Postverkehrs war für die Entwicklung Tsingtaus zum Handelsplatz von erheblicher Bedeutung. Die Hauptzentrale der Post befand sich im Kaiserlichen Deutschen Postamt in Tsingtau. Von dort wurde auch das Postwesen für die neutrale Zone im Kiautschougebiet organisiert. Die Post unterhielt 66 Postagenturen in Kiautschou, Kaumi und Litsun sowie zahlreiche Posthilfestellen auf dem Land. Im Jahre 1906 beförderte die Post insgesamt 3 Millionen Briefsendungen, 13000 Pakete und 38000 Telegramme [112]. Dazu vermittelte die Post täglich über 1300 Telefongespräche. Im übrigen Gebiet der Provinz Schantung war die chinesische Post mit 46 Postämtern, 199 Postagenturen und 66 Markenverkaufsstellen vertreten.

VI. Kulturmission und Kulturpolitik in Kiautschou

Anstelle von Wirtschaftsmissionen setzte das Deutschen Reich nach dem Boxerkrieg verstärkt auf eine deutsche Kulturmission in Kiautschou. Vielfach war man in Deutschland der Auffassung, dass die wirtschaftliche Expansion von einer kulturellen Expansion begleitet werden müsse, um ein positives Bild von Deutschland in China zu vermitteln [113]. Ziel dieser Kulturmission war es Tsingtau zu einer Bildungsstätte für Chinesen auf allen Gebieten auszugestalten. Damit wollten die Deutschen die Chinesen mit der Annexion des Pachtgebietes versöhnen und die Schranken zur chinesischen Bevölkerung niederreißen. Erstmals sprach der Gesandte Freiherr Mumm von Schwarzenstein 1902 gegenüber dem Reichskanzler von Bülow von der Notwendigkeit einer deutschen Kulturmission in China, *um den ungefügten Koloss aus dem Schlaf zu rütteln und ihn zu einem brauchbaren Mitglied der großen Völkerfamilien zu machen.* Diesen Gedanken einer Kulturmission, die Tsingtau zu einer Bildungsstätte für Chinesen auf allen Gebieten machen sollte, nahm 1907 Graf Rex wieder auf:

Lehren wir den Chinesen nicht die westliche Kultur, so werden es andere Länder tuen. Heute würden wir noch die ersten auf dem Platze sein und einer wesentlichen Konkurrenz nicht ausgesetzt sein [114].

Hierfür forderte Graf Rex vom Reichstag eine Million Reichsmark sowie einen jährlichen Zuschuss. Er verwies außerdem auf die Zahlungen der Amerikaner, die ca. zehn Millionen Reichsmark aus der Boxerentschädigung für kultur- politische Zwecke an China zurückgaben. Im deutschen Reichstag war die Meinung zu einer derartigen deutschen Kulturmission durchaus geteilt. So verlangten Abgeordnete der SPD Fraktion sogar die Rückgabe des Pachtgebietes an China. August Bebel hielt der Reichsregierung vor, dass man mit den bisherigen 110 Millionen Mark an bisherigen Subsidien für Kiautschou aus der Mark Brandenburg den schönsten Garten der Erde machen könne [115]. Schließlich stellte der Reichstag anstelle der beantragten 1 Millionen Mark nur 50.000 Mark sowie die Reichsregierung 300.000 Mark zur Errichtung und Ausstattung von deutschen Lehranstalten für chinesische Schüler zur Verfügung.

1. Schulen in Kiautschou

Das Schulwesen in China basierte auf dem was sich seit Jahrhunderten für die Erziehung und Ausbildung ihrer Kinder bewährt hatte. Hierzu gehörten vor allem die alten Schriften, welche die Grundlage für jede Schulbildung darstellte. Dabei wurden die Schüler angehalten sie zu rezitieren, d.h. ihren Konfuzius auswendig zu lernen und fehlerfrei wiederzugeben. Eine weitere, auch kritische Beschäftigung mit den Texten war nicht vorgesehen und auch nicht erwünscht. Jahrelang mussten sie in der Schule Sätze schreiben, lesen und auswendig lernen, von deren Sinn sie kein Wort verstanden, weil sie weit über ihr kindliches Auffassungsvermögen hinausgingen. Diese Art zu Lernen baute vor allem auf ein gutes Gedächtnis und ging zu Lasten der Erfindungsgabe. Dadurch fiel den Chinesen in der Regel nichts Neues ein.

Die meisten Lehrer waren nicht in der Lage, ihren Schülern den Lehrstoff so zu vermitteln, dass ihn jeder verstehen konnte. An die Spitze der Gesellschaft sollte nach den traditionellen chinesischen Vorstellungen nur der Tüchtigste kommen, ohne Ansehen seiner Herkunft. Als am tüchtigsten galt jedoch derjenige, der in den klassischen Schriften bewandert war und sie beherrschte. Der Aufstieg innerhalb der chinesischen Gesellschaft erforderte Scharfsinn, geistige Beweglichkeit und Energie, was zwar die Dummen am gesellschaftlichen Aufstieg hinderte, nicht jedoch unbedingt die Hinterlistigen und Intiganten. Dadurch unterschied sich die chinesische Schulausbildung wesentlich von der europäischen und westlichen Ausbildung, welche Individualität und Erfindungsgabe sowie Ideenreichtum fördert, was sich vor allem in dem Fortschreiten der technischen Errungenschaften in Europa zeigte.

Für die Entwicklung des Pachtgebietes waren Schulen und Bildungseinrichtungen sehr wichtig. Bereits im ersten Jahr wurde eine deutsche Schule errichtet. So wurden in der deutschen Kolonialzeit insgesamt 26 Grundschulen, eine Gouvernementschule, 10 Missionsschulen, eine Spezialhochschule sowie 4 Berufsschulen gegründet.

1899 wurde durch das Gouvernement eine Regierungsschule für deutsche Kinder gegründet, die 1902 in eine höhere Schule umgewandelt wurde, die den Anforderungen eines deutschen Reformrealgymnasiums entsprach. 1913 hatte diese Schule 227 Schüler.

1910 wurde mit deutschen Spenden eine deutsch- chinesische Mädchenschule in Tsingtau errichtet. Sie wurde im Herbst 1911 mit 20 Schülerinnen, Töchtern aus besseren chinesischen Familien eröffnet. Zum Lehrplan gehörte insbesondere auch der Religionsunterricht. Daneben unterhielt das Gouvernement im Pachtgebiet 26 Elementarschulen.

Bereits 1905 hatten die Deutschen mit der Errichtung von Volks- und Elementarschulen für Chinesen, vor allem auf dem Land im Norden des Pachtgebietes begonnen. Der Unterricht in diesen Schulen umfasste Chinesisch Lesen und

Schreiben, Rechnen nach europäischer Art sowie etwas Geographie. Der Schulstoff war dabei auf fünf Jahre verteilt. Die Lehrer an diesen Schulen waren Chinesen und hatten eine besondere Ausbildung. Der Unterricht war kostenlos. Die Anzahl der chinesischen Schüler wuchs von Jahr zu Jahr. Daneben gab es zwei Regierungsschulen, die im nationalen, deutschen Geist geleitet wurden, eine Knabenschule sowie eine Mädchenschule. Die Knabenschule war ein Reformrealgymnasium. Es begann mit drei Vorklassen. Fremdsprachen waren Englisch, Französisch und Latein [116]. In der Sexta begann das Gymnasium mit Englisch, es folgte in der Quarta Französisch und Latein erst in der Untertertia. Für Schüler, die infolge ihrer Begabung oder der sonstigen Verhältnisse einen praktischen Beruf anstrebten, gab es daneben auch lateinlose Klassen. Ende 1906 hatte die Knabenschule 78 Schüler. Einige Schüler kamen von außerhalb Tsingtaus und waren in dem der Schule angeschlossenen Alumnat untergebracht. 1907 bezog die Knabenschule ein neues moderneres Schulgebäude mit 12 Schulklassen, Aula, Physikzimmer und Zeichensaal.

Anders als die Jungen besuchten die Mädchen nach Abschluss der Schulausbildung in der Regel keine weiterführende Einrichtung, sondern heirateten. Sie waren bereits in jungen Jahren verlobt, das heisst von ihren Eltern einem Mann versprochen.

Daneben unterhielten alle drei deutschen Missionen Katholiken, Berliner Mission und der Evangelisch- protestantische Missionsverein auch eine chinesische Mädchenschule. 5400 chinesische Schüler wurden in den Missionsschulen der Steyler Mission, der Berliner Missionsgesellschaft sowie des Allgemeinen evangelisch- protestantischen Missionsvereins unterrichtet, eine bescheidene Anzahl gegenüber den 100.000 chinesischen Schülern in amerikanischen und englischen Lehranstalten.1898 richtete die Berliner Missionsgesellschaft eine Grundschule für Chinesen ein, 1902 eine Ausbildungsstätte für chinesische Lehrlinge, die auf der Werft in Tsingtau eingesetzt werden sollten. Ziel war es genügend deutschsprechende Arbeitskräfte zu bekommen.

Die Steyler Missionare unterhielten eine Lehranstalt, die chinesische Christen auf die Anstellung bei der Eisenbahn vorbereitete. Der *Frauenverein für christliche Bildung des weiblichen Geschlechts im Morgenland* richtete eine Lehranstalt für Mädchen ein. Die Missionsschulen galten als sehr gut und wurden auch von vielen Nichtchristen besucht, obwohl ein wenn auch geringes Schulgeld zu entrichten war. Die Schüler mussten zwar alle am Religionsunterricht teilnehmen, sie wurden jedoch nicht gezwungen sich taufen zu lassen. Viele Chinesen sahen die Schule als Lehranstalt für westliche Wissenschaften und verließen sie, wenn sie glaubten genug gelernt zu haben. Der Lehrplan der Missionsschulen setzte

sich zusammen aus dem Chinesischen, d.h. chinesisch Lesen, Schreiben und Kenntnis der chinesischen Klassiker. Dazu kam der Unterricht in Deutsch und Naturlehre, Rechnen, Physik, Geschichte und Geographie, sowie in Turnen und Gesang. Die besten Schüler gingen nach Ablauf des fünf- bis siebenjährigen Kursus nach Tsinanfu, wo sie durch eine Prüfung einen chinesischen literarischen Grad erwerben konnten, z.B. den Grad als *blühendes Talent*. Besonders Begabte besuchten anschließend auch die chinesische Universität in Tsinanfu. Die Missionen unterhielten vor allem Schulen auf dem Land, so z.B. die katholische Mission auf der Insel Yin Tau sowie in Kiautschou, die Berliner Mission in der Stadt Tsimo sowie der Evangelisch- protestantische Missionsverein in der Stadt Kaumi.

Besonders große Schulanstalten unterhielt die katholische Mission in Yentschoufu sowie die Presbyterianer in Wei shien. Daneben entstand unter maßgeblicher Beteiligung des Allgemeinen evangelisch- protestantischen Missionsvereins von in Tsingtau ansässigen Hamburger und Bremer Firmen sowie unter persönlichem Einsatz von Paul Rohrbach 1911 die Schu- Fan- Mädchenoberschule, ein Lehrerinnenseminar, um junge Mädchen insbesondere der höheren Klassen Chinas im Geiste wahrer deutscher Kultur zu erziehen. Der Lehrplan enthielt ausdrücklich keinen Religionsunterricht. Im Bestreben die Ausdehnung deutscher Kulturpolitik nicht nur auf das Kiautschougebiet zu beschränken, wurde auch außerhalb des Pachtgebietes im Jahre 1911 eine deutsch- chinesische Schule in der Hauptstadt der Provinz Schantung in Jinan eröffnet.

2. Die Deutsch- Chinesische Hochschule

Der deutsche Botschafter in Peking, Graf Rex hatte die Idee in Tsingtau eine Hochschule für Spezialwissenschaften mit besonderem Charakter zu gründen. Dadurch sollte den Chinesen die deutsche Kultur nahegebracht werden. Erster Rektor der Hochschule wurde Professor Dipl. Ing. Keiper, sein Stellvertreter war ein chinesischer Professor. Die Hochschule erhielt einen Unterbau durch eine Mittelschule für Chinesen. An den Abschlussprüfungen waren auch chinesische Regierungsbevollmächtigte beteiligt, so dass die Abschlüsse als ausländische Universität anerkannt wurden. Mit dem durch China anerkannten Abschluss erhielten die Absolventen der Hochschule das Recht auf eine Anstellung in China, als ob sie eine dortige staatliche Prüfung gemacht hätten. Der Abschluss eröffnete den Absolventen Karrieren als Lehrer, Beamte, Agoronomen, Ärzte und Juristen.

Dadurch dass den Chinesen auch die Auswahl der Schüler überlassen wurde, sollte China weitgehenden Einfluss auf die Schule haben. Die Hochschule wurde am 25. Oktober 1908 eröffnet. Sie hatte eine Vorbereitungsstufe als Unterstufe.

Die danach folgende Oberstufe gliederte sich in 4 Abteilungen für Staats- und Rechtswissenschaften, Medizin, Ingenieurwissenschaften (Tiefbau, Maschinenbau und Elektrotechnik) und Forst- und Landwirtschaft. Die Hochschule wurde modern ausgestattet mit Bücherei, Laboratorien, einem Museum und einer landwirtschaftlichen Versuchsanstalt. Im Jahre 1912 unterrichteten an der Hochschule 24 deutsche und 6 chinesische Lehrer. Bei der Eröffnung gab es 54 Studenten, ihre Zahl wuchs auf 400 im Jahre 1914.

3. Missionen

Neben der militärischen Machtpolitik und dem wirtschaftlichen Profitstreben spielten beim Aufbau Kiautschou zu einer Musterkolonie insbesondere die religiöse Expansion und die Kultur als dritte Säule eine wichtige Rolle. In Tsingtau gehörten die meisten Zivilisten und Militärs einer christlichen Gemeinde an. In der evangelischen Gemeinde war ein evangelischer Gouvernementspfarrer angestellt, der auch Religionsunterricht in der staatlichen Regierungsschule in Tsingtau erteilte [117]. Die Katholiken wurden in Tsingtau von den Patres des Klosters geistlich betreut.

1903 hatte der chinesische Kaiser noch ein Edikt erlassen, nach dem der Aufbau moderner Schulen in Schantung intensiviert werden sollte. Im September 1906 erließ das Unterrichtsministerium demgegenüber einen landesweiten Erlass, nach dem die Abschlüsse ausländischer Schulen nicht mehr anzuerkennen seien. Daraufhin beschloss die katholische Missionsleitung des SVD neue Schulen zu gründen, bei denen die religiöse Unterweisung der Schüler im Mittelpunkt stehen sollte. Dabei wurden bevorzugt Kinder chinesischer Christen aufgenommen. Außerdem plante der SVD das Missionsgebiet mit einem Netz christlicher Volksschulen zu überziehen [118]. Diese Schulen waren bis 1911, dem Sturz der chinesischen Qing- Dynastie reine Missionsschulen, die weder von China gefördert noch anerkannt wurden. Dies änderte sich 1912. Nachdem die Republik ausgerufen worden war, wurden die ausländischen Schulen offiziell durch den chinesischen Staat anerkannt.

Die protestantischen Missionen, insbesondere die Berliner Missionsgesellschaft, die Gesellschaft zur Beförderung der evangelischen Mission unter den Heiden zu Berlin war seit 1898 im Ausbildungsbereich tätig und unterhielt im Kiautschougebiet einige Elementar- und Mittelschulen. Ebenfalls seit 1898 war auf dem Gebiet des Schulwesens und der medizinischen Versorgung im Kiautschougebiet der Allgemeine evangelisch- protestantische Missionsverein (Weimarer Mission) tätig. Die protestantischen Missionen nahmen damit wichtige soziale Dienste für die chinesische Bevölkerung wahr. Dies wurde von dieser auch anerkannt, andererseits wurden die christlichen Missionsschulen stets mit der christlichen Religion verbunden. Nur selten schickten daher nicht christliche, chinesische Familien ihre Kinder auf eine Missionsschule. Die überwiegende Mehrzahl der Schüler in den Missionsschulen entstammten chinesischen Familien, die das Christentum angenommen hatten [119]. Neben Schulen wurden andere Erziehungs- und Ausbildungseinrichtungen aus Spenden der deutschen Bevölkerung geschaffen wie z.B. die seit 1899 bestehende Kiautschou- Bibliothek, die die militärische Besatzung mit Lesestoff versorgen und einen Überblick über die gesamte zeitgenössische Bibliographie vermitteln sollte. Bestückt wurde sie vor allem durch Sachspenden von deutschen Buchhändlern.

Für die Pflege der geistigen Interessen der Bewohner der Kolonie waren auch kulturelle Vereine wie der Verein für Kunst und Wissenschaft richtungsweisend. In diesem fanden regelmäßige Theateraufführungen sowie Kunstausstellungen und Vorträge zu kulturellen Themen statt [120]. Als wichtig wurde von der Kolonialverwaltung die Förderung von Ausbildungsstätten angesehen, welche die berufliche Ausbildung für deutschsprechende Chinesen betrieben wie z.B. eine von der Berliner Mission betriebene Schule mit dem Ziel deutsch sprechende, technisch versierte Arbeitskräfte auszubilden. Das gleiche galt für eine der Werft in Tsingtau angeschlossene Lehrlingsschule, in der seit 1902 Lehrlinge aus Tsingtau und Schantung für den Schiffsbau ausgebildet wurden. Es war das Ziel des Gouvernements verstärkt praktisch orientierte Schulprojekte durchzuführen, um der Verwaltung und der Wirtschaft gut ausgebildete Arbeitskräfte zur Verfügung zu stellen zu können

Ansonsten wurde das bestehende Schulwesen von den Deutschen nicht geändert. Insbesondere blieben die alten von den Familien auf dem Land unterhaltenen Schulen erhalten und in die Zuständigkeit der Missionen gegeben [121]. Nur in zwei Orten Tai tung tschen und Fa hai sy hatte die Regierung versuchsweise staatliche Elementarschulen eingerichtet. Der Unterricht an diesen Schulen umfasste Chinesisch, Lesen und Schreiben, Rechnen und etwas Geographie [122]. Der Unterricht und die Lehrmittel an diesen Elementarschulen waren frei. Während sich die Aktivitäten der Missionen auf die Ausbildung der ländlichen Bevölkerung richteten, wollte die Kolonialverwaltung insbesondere zukünftige Eliten in Spitzenpositionen ansprechen um bei ihnen eine pro- deutsche Einstellung zu verbreiten. Diesem Zweck sollte die Errichtung einer deutsch- chinesischen Hochschule dienen.

4. Gesundheitswesen und Krankenhäuser

Das Gesundheitswesen im Pachtgebiet lag von Beginn an in den Händen der Marine und deren Personal. An der Spitze des Gesundheitswesens stand ein Generaloberarzt der Marine. Ein Oberststabarzt leitete das Lazarett. Elf oder zwölf Marinestabärzte und Marine- Oberassistenzärzte bildeten zusammen mit Sanitätspersonal den medizinischen Stab [123]. Im Jahr 1900 wurde das Gouvernement- Lazarett fertiggestellt, um auftretende Epidemien wie Darmtyphus und Ruhr schnellstmöglich wirksam zu bekämpfen. Das Lazarett stand sowohl Militärangehörigen, als auch Zivilpersonen offen und wurde 1904 durch eine Frauen- und Kinderklinik erweitert [124]. In dem Lazarett waren bis 1913 13 Marineärzte tätig. Seit 1901 gab es das Faberhospital der Weimarermission. Dieses wurde nach seinem noch vor der Fertigstellung verstorbenen Stifter benannt und verfügte über 110 Betten, in denen auch mittellose Chinesen unentgeltlich behandelt wurden. Der Stifter Faber hatte sein gesamtes Geldvermögen der Weimarer Mission vermacht.

Daneben gab es das Krankenhaus der katholischen Mission sowie Polikliniken, von Marineärzten geleitete Untersuchungs- und Ambulanzstellen für Chinesen außerhalb von Tsingtau in Taidongzhen, Shazikou und Litsun, dazu ein Prostituiertenhospital. Prostitution war in Tsingtau weit verbreitet als Reaktion auf den Mangel an europäischen Frauen und dem Wunsch der Seeleute und Soldaten sich in der Fremde zu amüsieren. Darüber hinaus gab es ein Genesungsheim im Lauschan, im Waldgebiet der Tsingtau umgebenden Höhenzüge.

Zum Gesundheitswesen gehörten auch strenge Quarantänebestimmungen. Durch deren Einhaltung gelang es die von der Mandschurei nach China eingeschleppte Lungenpest weitgehend von dem Kiautschougebiet sowie der Schantungprovinz fernzuhalten. Nach den Quarantänebestimmungen war jeder in 1911 in die Provinz Schantung einreisende Fremde verpflichtet direkt nach der Einreise eine Quarantänestation aufzusuchen. 1911 wurde aus der Mandschurei die Lungenpest eingeschleppt, konnte jedoch durch entsprechende Abwehrmaßregeln daran gehindert werden sich im Pachtgebiet auszubreiten. Außer den Quarantänestationen gab es auch eine Tollwutschutzstation. Die Erfolge der Deutschen in Kiautschou auf dem Gebiet des Gesundheitswesens wurden auch von den Chinesen aus anderen Landesteilen anerkannt und dienten ihnen als Vorbild

5. Sport und Freizeitbetätigungen

Eine besondere Rolle im Leben der Bevölkerung von Tsingtau spielte der Sport. Er diente sowohl der sinnvollen Freizeitbetätigung als auch der Gesundheitsvorsorge [125]. Vielen war er Ersatz für fehlende geistige Anregung, die vielfach durch den Küstenklatsch ersetzt wurde. In Tsingtau waren alle Sportarten vertreten, vom Reiten bis zum Tennis und Radfahren. Tsingtau hatte auch einen Rennplatz, wo Pferderennen stattfanden. Für Radfahrer gab es genügend Gelegenheit auf den asphaltierten Straßen Tsingtaus, weniger geeignet für eine Radtour waren demgegenüber die chinesischen Landstraßen außerhalb Tsingtaus. Tennis war insbesondere in den besseren Kreisen der Zivilisten und Militärs eine beliebte Sportart. Selbst passionierte Jäger kamen bei der Jagd auf Hasen, Schnepfen und Wachteln in den Prinz Heinrich Bergen sowie im Lauschan Gebirge auf ihre Kosten.

Wie in Deutschland gab es auch im Kiautschougebiet ein vielfältiges Vereins- und Gesellschaftsleben. Es gab den Turnverein, den Gesangsverein, den Krieger- und Marineverein Kiautschou und Prinz Adalbert von Preußen, in denen sich kaisertreue Leute kameradschaftlich trafen, einen Bergverein, der gemeinsame Wanderungen im Lauschangebirge veranstaltete sowie jede andere Formen von Vereinen und Vereinigungen wie die Freiwillige Feuerwehr, der Verein Faberkrankenhaus, der Deutsche Frauenverein für Krankenpflege in den Kolonien, Abteilung Tsingtau, Deutscher Techniker Verein Ostasien Abteilung Tsingtau, den Musikverein Harmonie, den Schützenkorps Tsingtau, den Radfahrklub Pfeil, den Verein Germania, das Katholische Kasino und den Japanischen Verein.

Zur Freizeitgestaltung in den heißen Sommermonaten gehörte auf alle Fälle ein Bade- und Strandaufenthalt an der Auguste- Viktoria Bucht, mit der Tsingtau in China einen besonderen Platz einnahm und mit jedem deutschen Seebad in Konkurrenz treten konnte. Tsingtau war insbesondere ein Badeort für die ganze Familie. Diese konnten sich für die ganze Saison ein eigenes Bretterhäuschen mit mehreren Kammern mieten oder selbst bauen. In diesem wurden dann die Badeanzüge, die Strandstühle, das Kinderspielzeug sowie Lebensmittel und Getränke deponiert .An der Auguste- Victoria Bucht befanden sich auch einige mondäne Hotels wie das Strandhotel sowie das Prinz- Heinrich Hotel mit 40 Zimmern und einer luftigen Terrasse sowie das Zentral Hotel jeweils am Kaiser- Wilhelm Ufer. Weitere Hotels waren das Hotel zur Deutschen Eiche in der Tirpitzstraße und die Familienpension Luther in der Irenenstraße.

6. Der Alltag der Europäer in Tsingtau

Das Alltagsleben in Tsingtau gestalteten viele Europäer wie in der Heimat. Über die Geschäftsstraße Tsingtaus, die *Friedrichstraße* berichtete Locher in seinem Buch: *Die Kaperfahrten des Kleinen Kreuzers Emden- Tatsachenbericht* [126]:

In der Friedrichstraße herrschte Gedränge. Bei „Geschke" wurde Meissner Porzellan gekauft, in den Kaufhäusern von Lindner und Krog gab es die neuesten Waren zu sehen. Beim Frisör Müller ließen sich vornehme Damen „a la mode" frisieren und aus dem Warenhaus Baumann stürmte eine Gruppe junger Leute mit Paketen vollgepackt. In der Papierhandlung Schmidt kauften Jungen in Kieler Matrosenanzügen farbige Ausschnittbögen. Im Büro der Hapag wurden Fahrkarten für Sommerreisen verkauft. Kaffeegäste genossen Schwarzwälder Kirschtorte im „Cafe Kronprinz" und im „Metropol". Andere erfrischten sich bei einem kühlen Münchener Bier im „Restaurant Kremer" und in der „Krone".

Auch das in Tsingtau herrschende Klima unterschied sich nicht wesentlich von dem in der Heimat. Entsprechend war auch die von den Europäern getragene Kleidung. Die Kleidung im Winter war dieselbe wie in Deutschland. In den Sommern, die zumeist etwas heißer und sonniger waren als die in Deutschland, bevorzugten die europäischen Bewohner weiße Anzüge zu weißen oder braunen Schuhen oder Anzüge aus Rohseide. Zu gesellschaftlichen Anlässen trugen die Herren Smoking.

Gekauft wurde in kleinen Warenhäusern, in denen man alles kaufen konnte, was der Europäer fern der Heimat benötigte. Vielen Gegenstände, die nicht selbst vor Ort produziert wurde, wurden aus Shanghai besorgt oder aus Deutschland importiert. Viele dieser importierten Güter waren aufgrund des nach 1906 erhobenen Einfuhrzolls teurer als entsprechende Waren in der Heimat. Da Zahlungsmittel vielfach der Dollar war, spekulierten viele europäische Käufer, vor allem die Offiziere und Beamte, die ein festes Gehalt erhielten, auf wechselnde Kurse. In Zeiten, in denen der Dollar hoch stand hielten sie sich gerne mit dem Zahlen einer offenen Rechnung zurück in der Hoffnung auf fallende Kurse, bei denen die Begleichung derselben Rechnung bedeutend günstiger war [127]. Mit der allgemeinen Verteuerung der Preise stiegen auch die Mieten, obwohl der Grund und Boden an sich billig war. Da jedoch per Gesetz jede Art von Bodenspekulation verboten war, waren die Mieten auf jeden Fall bedeutend niedriger als in anderen chinesischen Städten wie Shanghai und Hongkong [128].

Für einen Europäer war es leicht einen Chinesen als Handwerker, Schuster und Schneider, Schlosser und Tischler zu finden. Chinesische Arbeiter fanden sich auch in den von Europäern geleiteten Handwerksbetrieben und Werkstätten. An Essen und Trinken stand den Europäern eine Vielfalt an Lebensmitteln zur Verfügung, sowohl für die typische chinesische , als auch für die europäische Küche. Es gab vor Ort angebautes vortreffliches Gemüse und allerlei Früchte, selbst Kartoffeln, Spargel und jede Art von Obst wuchs im Pachtgebiet selbst. Berühmt ist bis heute das von der Germania Brauerei in Tsingtau gebraute Bier, alle Biersorten ob Hell oder Dunkel. Es gab ein vorzügliches Mineralwasser aus dem Tsingtauer Iltisbrunnen, das dem deutschen Apollinaris Mineralwasser qualitätsmäßig kaum nachstand. Beliebt war in Tsingtau wie in ganz Ostasien das Whiskey Soda aus Sodawasser und Whiskey [129].

Im Haushalt von Europäern gab es jede Menge dienstbarer Geister. Die Hausarbeiten wurden in Tsingtau in der Regel von Männern verrichtet. Ein gut erzogener und aufmerksamer chinesischer Haus- Boy war sowohl für die Beaufsichtigung und Bewachung von Kleinkindern, als auch für alle anderen im Haushalt anfallenden Arbeiten zuständig. Er war zuverlässig, diskret und ertrug alle Gewohnheiten seines Diensthherrn. Andererseits konnten diese von ihm kein selbständiges Denken erwarten. Er setzte nur das um, was man ihm aufgetragen hatte. Diese Unselbständigkeit des Dienstpersonals ersparte dem Dienstherrn manche Meinungsverschiedenheit und Überraschung [130].

Das Dienstpersonal war im Allgemeinen ehrlich und zuverlässig. Trotzdem galt es durchaus noch als ehrenwert, wenn es das eine oder andere für sich und seine Familie abzweigte. Gelang es dem Haus- Boy z.B. Lebensmittel auf dem Markt besonders günstig einzukaufen, so war es für sie normal, die Differenz zum normalen Marktpreis für sich zu behalten. Diese Preisdifferenz galt als Ergebnis von Privatgeschäften des Dienstboten und als Lohn für seine Cleverness [131].

In jedem größeren europäischen Haushalt gab es einen chinesischen Koch, der als wahrer Kochkünstler nicht nur vorzüglich chinesische Gerichte wie Vogelnestsuppe, sondern auch europäische Speisen zubereiten konnte. Das Gehalt für einen chinesischen Koch betrug 12 bis 30 Dollar im Monat, die anderen Dienstboten verdienten zwischen 8 bis 12 Dollar monatlich [132].

Die chinesische Dienerschaft wohnte nicht im Haus der Herrschaft, sondern zumeist separat in einem Nebengebäude. Dort durften sie ihre Zimmer nach eigenem Geschmack einrichten. Sie schliefen in der Regel in Decken eingewickelt auf Holzpritschen. Ihr Essen durften sie entweder in der Küche ihrer Herrschaft zubereiten oder sie holten sich ihr Essen aus der chinesischen Garküche um die Ecke. Bei ihrem Essen verwendeten sie gewöhnlich viel Knobloch, was in Einzelfällen Beschwerden der Herrschaft nach sich zog. Das Zusammenleben mit den chinesischen Dienstkräften führte bei einigen Europäern, insbesondere auch bei deren Kindern zu einem Herrengefühl gegenüber den Chinesen. Dies zeigte sich unter anderem in dem Ton, in dem die Herrschaft ihre Dienstboten ansprach, der oft ein Überlegenheitsgefühl oder sogar einen Rassendünkel erkennen ließ.

An bestimmten Tagen der Wochen warteten die Europäer auf das Eintreffen von Postdampfern und auf Post oder Nachrichten aus der Heimat. Sobald ein Dampfer in Sicht war, wurde durch Hissen einer bestimmten Flagge mit einem Dreieckzeichen. auf dem Signalberg angezeigt, ob er Post an Bord hatte. Ein mit der Spitze nach oben weisendes Dreieck kündigte Post aus dem Norden, der Heimat an, da die Dampfer von Deutschland den Seeweg über das russische Sibirien nahmen. Die Post über Sibirien dauerte in der Regel 21 Tage, die auf dem südlichen Seeweg über Indien ankommende Post benötigte darüber hinaus fast 6 Wochen. Die neuesten Nachrichten aus aller Welt erfuhren die Bewohner Tsingtaus bereits am nächsten Tag über die Lokalzeitung, die *Tsingtauer Neueste Nachrichten*, besonders wichtige Nachrichten sogar am selben Tag über ein Extrablatt. Die Chinesen informierten sich über die Zeitung *Kiautschou Pau*. Im Sommer stand das Strandleben an der Spitze der Freizeitbetätigungen der Einwohner Tsingtaus. Dieses Strandleben wurde auch international immer mehr zu einer Attraktion im ostasiatischen Raum. Über die Freuden des Strandlebens 1914 dem letzten Friedenssommer vor Ausbruch des 1. Weltkrieges berichtete der damalige Oberleutnant zur See Günther Plüschow wie folgt [133]:

Ende Juni mit all seiner Schönheit und Pracht, mit Sonnenschein und strahlend heiterem Himmel war ins Land gezogen. Das war jedes Mal der schönste Monat für Tsingtau. Das Badeleben stand in voller Blüte, es waren besonders viele und nette Freunde, in erster Linie Damen aus den europäischen und amerikanischen Niederlassungen Chinas und Japans herbeigeströmt, um sich an Tsingtaus Schönheit zu erfreuen und in dem „Ostende des Fernen Ostens" das Badeleben zu genießen. Es herrschte eine prächtige Stimmung. Auto- und Reitpartien, Polospiel und Tennis füllten die dienstfreien Stunden aus. Besonders schön waren abends die Reunions, bei denen Terpisichore, in der griechischen Mythologie die Muse des Chorgesanges und des Tanzes voll zu Ehren kam... Wie auch in den früheren Jahren waren die Engländerinnen unter den Gästen am stärksten vertreten und bald entwickelte sich ein reizender, recht charmanter Verkehr. Anfangs August sollte ein Polowettspiel stattfinden, zu dem wir als Gegenspieler dem englischen Poloklub Shanghai eingeladen hatten. Plötzlich wurde jedoch alles ganz anders.

VII. Kiautschou während des 1. Weltkrieges

1. Die Reaktion in Tsingtau auf den Ausbruch des 1. Weltkrieges

Am 1. August 1914 erhielten die in Kiautschou stationierten Militärs die Mobil-machung. Am 4. August 1914 erklärte England Deutschland offiziell den Krieg. Zu diesem Zeitpunkt gab es noch eine Menge britischer Badegäste in Tsingtau. Diese vertraten zusammen mit den deutschen Gastgebern die Auffassung, dass sich europäische Nationen wie England und Deutschland unmöglich vor den Au-gen der ostasiatischen Völker gegenseitig zerfleischen dürften, da sie sonst den letzten Rest von Sympathien und das letzte Prestige vor den Menschen gelber Hautfarbe einbüßten. Mit dem Kriegsbeginn trat in Tsingtau ein Schwebezustand ein. Das Gouvernement gab den ausländischen Gästen, die zum größten Teil in ihren Hotels auf gepackten Koffern saßen, bekannt, dass sie sich vorerst nach Belieben frei in Tsingtau aufhalten oder aber abfahren könnten, ohne dass das Gouvernement irgendwelchen Zwang auf sie ausüben wolle. Falls alle Fremden dennoch das Schutzgebiet verlassen müssten, würde man dies frühzeitig be-kannt geben. Dennoch entstand hinter den Kulissen Bewegung. Anfang August erwog Deutschland kurze Zeit das Pachtgebiet an China zurückzugeben [134]. Da-von wurde jedoch wieder Abstand genommen, da die Deutschen befürchteten, dass sich in einem derartigen Fall eine andere fremde Macht, z.B. Japan des Pachtgebietes bedienen könnte.

China selbst bemühte sich intensiv um eine Neutralisierung der gesamten nord-chinesischen Küste, da es nach der Niederlage Chinas gegen Japan im Chine-sisch- Japanischen Krieg von 1894 bis 1895 befürchtete, dass Japan der Nutz-nießer der Weltkrise werden könne. Viele Chinesen verließen im August 1914 das Kiautschougebiet und Tsingtau. Die meisten fuhren mit der Schantung-Eisenbahn nordwärts bis in die Provinzhauptstadt Tsinanfu.

2. Die Übergabe Kiautschous an Japan

Nach Ausbruch des Ersten Weltkrieges in Europa Anfang August 1914 suchte Japan die Entwicklung in Europa für seine Pläne eines gewaltsamen Vordringens in China mit englischer Unterstützung zu nutzen. Zwischen dem 13. September 1914 und dem 7. November 1914 wurde Tsingtau von vereinigten japanischen und britischen Truppen belagert. Die Briten hatten die deutsche Präsenz in China und vor allem das mit China geschlossene Pachtabkommen von Beginn an mit Argwohn und als Bedrohung ihrer eigenen Interessen betrachtet. Als Reaktion auf die Aktivitäten der Deutschen in der Provinz Schantung und den Aufbau von Tsingtau vom Fischerdorf zu einem modernen Muster- und Vorzeigeprojekt hatten die Briten selbst mit Weihaiwei, einen auf dem Gebiet der Provinz Schantung liegenden Ort von den Chinesen angepachtet.

Auch Japan suchte daraufhin seinen Einflussbereich auf dem asiatischen Festland zu erweitern und suchte hierzu eine Annäherung an Großbritannien um die gegenseitigen Interessensphären abzustecken und sich in diesem Raum eine Weltmachtstellung zu sichern. Am 30. Januar schlossen Japan und Großbritannien den Anglo- Japanischen Allianzvertrag. Mit diesem Übereinkommen im Rücken ging Japan aus dem Russisch- Japanischen Krieg 1905 als Sieger hervor. Dadurch konnte es seine Stellung und Ansehen bei den europäischen Großmächten enorm steigern. Mit Beginn des 1. Weltkrieges trat Großbritannien mit einem Hilfe- und Beistandsersuchen an Japan heran. Für den damaligen japanischen Premierminister Ōkuma Shigenobu war dieses Hilfeersuchen eine günstige Gelegenheit innenpolitisch die Kontrolle über das nach Expansion und Ausdehnung strebende japanische Militär zu erlangen. Für die militärische Zusammenarbeit zwischen Großbritannien und Japan war es förderlich, dass die Strukturen der japanischen Marine und der Royal Navy sich ähnlich waren. Die japanische Regierung beschloss daraufhin den Briten im 1. Weltkrieg beizustehen.

Japan hatte zwar 1904 ein Garantieabkommen für das deutsche Pachtgebiet Kiautschou unterzeichnet. Daran fühlte es sich nach Beginn des 1. Weltkriegs nicht mehr gebunden. Den Kriegsausbruch in Europa sah es als eine in 10.000 Jahren nicht wiederkehrende günstige Gelegenheit zur Einverleibung des Kiautschougebietes an.

Am 15. August 1914 begannen die Japaner zunächst eine Seeblockade von Tsingtau und stellten dem Deutschen Reich das Ultimatum alle deutschen Kriegsschiffe aus chinesischen und japanischen Gewässern abzuziehen sowie das Pachtgebiet und die Stadt Tsingtau bis zum 15. September 1914 an Japan zu übergeben. Den 65.000 Japanern standen zu diesem Zeitpunkt nur 4800 Deutsche gegenüber. In einem Telegramm vom 19. August 1914 forderte der deutsche Kaiser Wilhelm II. die militärische Besatzung auf, Tsingtau bis zum Äußersten zu verteidigen.

Das Ultimatum der Japaner blieb deshalb unbeantwortet. Der Gouverneur Meyer-Waldeck ließ Frauen und Kinder mit einem gecharterten Dampfer nach Tientsin ausreisen. Danach rief er den Landsturm sowie die Seewehr zur Landesverteidigung auf. Hierzu gehörten Beamte, Ingenieure, Kaufleute, Handwerker, Handelsschiff- Seeleute, Schiffsjungen und sogar gerade wehrfähig gewordene Schüler.

Für den Hilfspolizeidienst wurde eine Bürgerwehr gebildet, 85 deutsche Frauen stellten sich freiwillig als Pflegerinnen für den Lazarettdienst sowie für Dienste in Gemeinschaftsküchen und- wäschereien zur Verfügung. Kapitän zur See Meyer-Waldeck telegrafierte am 23.8.2014 an Kaiser Wilhelm II.:

Einstehe für Pflichterfüllung bis zum äußersten

Nach erfolglosem Ablauf des Ultimatums am 23. August 1914 erklärte Japan dem Deutschen Reich den Krieg. Ab dem 27. August 1914 begann eine Blockade von Tsingtau durch englische und japanische Kriegsschiffe. Das Ostasiengeschwader unter seinem Oberbefehlshaber Maximilian von Spee, dem die Blockade galt, hatte zu diesem Zeitpunkt den Hafen von Tsingtau verlassen und sich planmäßig im Juni 1914 auf eine Südseekreuzfahrt begeben, so dass es sich zu Beginn der Blockade nahe der deutschen Kolonie Pagan auf den Marianneninseln befand. Von dort aus kehrte das Geschwader mit Ausnahme des Kreuzers SMS Emden, der Richtung Indischer Ozean entsandt wurde, nicht nach Tsingtau zurück, sondern fuhr von dort aus weiter durch die Südsee bis an die Westküste Südamerikas. Dort vernichtete es im Seegefecht bei Coronel ein britisches Geschwader, wurde jedoch später selbst bei den Falklandinseln bei einem Seegefecht vollständig zerstört.

Am 27. August 1914 entsandte die japanische Marine unter Vizeadmiral Kato Sadakichi auf dem japanischen Linienschiff einige Schiffe wie die Schlachtschiffe Kawachi und Settsu, den Schlachtkreuzer Kongo und das Flugzeugmutterschiff Wakamiya zur Blockade von Tsingtau. Der Blockade schlossen sich das britische Linienschiff HMS Triumph und der Zerstörer HMS Ulsk an. China versuchte zunächst neutral zu bleiben, erklärte jedoch unter dem Druck der Alliierten bestimmte Gebiete in Ost- Schantung zur Kriegszone und ermöglichten dadurch Kriegsoperationen der Japaner von der Landseite.

Die 18. Japanische Infanteriedivision, 2300 Mann stark sowie 2000 britische Soldaten stießen am 2. September 1914 von der Landseite im Überschwemmungsgebiet bei Lungkow nach Westen in Richtung Weihsien vor. Eine zweite Landungsoperation erfolgte am 18. September in der Bucht von Laoshan, 30 Kilometer östlich von Tsingtau. Bei ihrem Vormarsch in Richtung Tsingtau beschlagnahmten die nunmehr auf eine Stärke von 58.000 Soldaten angewachsenen alliierten Landungstruppen die beiden noch fördernden Kohlebergwerke. Die Japaner eroberten am 3. Oktober Tsinanfu und nahmen die Schantung Eisenbahn in Besitz. Die deutsche Verteidigungsgarnison unter Leitung des Gouverneurs Kapitän zur See Alfred Meyer- Waldeck bestand aus 1400 Soldaten des III. Seebatallions sowie ca. 3400 weiteren Marineangehörigen, Soldaten, Kolo-

109

nialpolizisten und Kriegsfreiwilligen, insgesamt 4550 Verteidigern unter Leitung von 150 Offizieren. Diesen standen wenige teilweise veraltete Belagerungsgeschütze zur Verfügung. Die Befestigungen von Tsingtau wurden um behelfsmäßige Feldbefestigungen erweitert. Kaiser Wilhelm II. hatte die Verteidigung von Tsingtau zur obersten Priorität erklärt.

Beim Anrücken der alliierten Truppen ließ Meyer- Waldeck die Verteidigungstruppen sich von den äußeren zwei Verteidigungslinien zurückziehen, um sich ganz auf die innerste Verteidigungslinie zu konzentrieren. Am 26. und 27. Oktober 1914 erfolgten Sturmangriffe japanischer und englischer Truppen auf Tsingtau, das von See- und Landesseite unter Dauerfeuer genommen wurde. Dabei erlitten die Angreifer zwar hohe Verluste, konnten jedoch den Belagerungsring um die Stadt schließen. Am 31. Oktober 1914 versenkten die Deutschen die im Hafen ankernden Kriegs- und Handelsschiffe, insbesondere die abgerüsteten Kanonenboote Iltis, Tiger, Luchs und Cormoran und nutzten sie zur Sperrung der Hafeneinfahrt. Sie zerstörten außerdem die Werftanlagen, das Schwimmdock sowie die Hafenanlagen.

Unterstützung erhielten die Verteidiger durch die Luftaufklärung durch zwei Flugzeuge, von denen eines, das von Leutnant Friedrich Müllerskowsky geflogen wurde, bereits beim ersten Flug abstürzte. Das andere Flugzeug, geflogen von Gunter Plüschow versetzte den Japaner lästige Nadelstiche und wurde in der Heimat als heldenhafter *Flieger von Tsingtau* gefeiert. Plüschow gelangte es als einzigem aus der belagerten Stadt zu entkommen.

Die Japaner selbst flogen als Erste in der Militärgeschichte sogar nachts Bombenangriffe von ihrem Flugzeugträger Wakamiya auf Tsingtau. Am 31. Oktober 1914 zum Geburtstag des japanischen Kaisers unternahmen die japanischen Truppen einen Generalangriff auf Tsingtau, der jedoch von den deutschen Verteidigern noch abgewehrt werden konnte. Danach begannen die Japaner mit einem planmäßigen Beschuss der Befestigungen und Forts in Tsingtau.

Unter dem Schutz des Sperrfeuers konnten die alliierten Infanteriesoldaten ihre Laufgräben näher an die Stadt herantreiben, um die Stadt in einem anschließenden Sturmangriff einnehmen zu können. In der Nacht zum 6. November 1914 gelang es den Japanern in die letzte deutsche Verteidigungslinie einzubrechen und die Höhen um die Stadt herum zu besetzen. Den Deutschen gelang es ihren Angriffen bis zum 7. November 1914 stand zu halten. Nachdem die Munition ausgegangen war, kapitulierte der Gouverneur Festungskommandant Meyer-Waldeck am 7. November 1914. Er teilte dem Befehlshaber der japanischen Belagerungsarmee Kamino mit:

Da meine Verteidigungsmittel erschöpft sind, bin ich bereit in Übergabeverhandlungen über die nunmehr offene Stadt einzutreten

Auf deutscher Seite standen 3967 Mann den insgesamt 53.000 Männer zählenden japanischen Landtruppe sowie den 25.276 Mann japanischer Marinetruppen gegenüber. Auf deutscher Seite gab es 24 Tote und 500 Verletzte. Die Verluste der Japaner beliefen sich auf geschätzte 1.500 bis 2.000 Mann. Offizielle Zahlen gab es nicht [135]. Bei der Behandlung der gefangenen Deutschen zeigten die Japaner den besiegten Gegnern gegenüber Ritterlichkeit. Sie bezeugten ihre Hochachtung gegenüber den heldenhaften Verteidigern von Tsingtau. Den deutschen Offizieren beließen sie ihre Degen und behandelten auch die übrigen deutschen Soldaten höchst ritterlich. Den ca. 400 deutschen Frauen und deren Kindern gestatteten sie weiterhin in Tsingtau zu bleiben. Das Gleiche galt für männliche Zivilpersonen die für eine Kriegsgefangenschaft in Japan nicht in Frage kamen, insbesondere Alte und Kranke. Darüber hinaus erlaubten die Japaner die feierliche Bestattung der Gefallenen auf dem Deutschen Friedhof in Tsingtau. Die Bestattungsfeierlichkeiten fanden am 9. November 1914 statt. Als letzter verließ der Gouverneur und Festungskommandant Meyer- Waldeck am 14. November 1914 Tsingtau.

Die verbliebenen Deutschen wurden in eine fünfjährige Gefangenschaft nach Japan abtransportiert und erst 1919 nach Abschluss des Friedensvertrages von Versailles entlassen [136].

Da die Japaner im November 1914 noch nicht mit einer längeren Kriegsdauer rechneten, wurden die nach Japan gebrachten deutschen Gefangenen zunächst provisorisch in öffentlichen Gebäuden, Teehäusern oder Tempeln untergebracht. Später brachte man sie in sechs größeren Barackenlagern unter. Das bekannteste dieser Lager war Bando/ Naruto auf der kleinsten der vier japanischen Hauptinseln Shikoku. Berühmt wurde es durch seinen toleranten und deutschfreundlichen Lagerkommandanten Oberst Matsue Toyohisa, der das Lager zu einem Gefangenen Musterlager mit vielfältigem kulturellen Angebot ausgestaltete [137]. Er gewährte den deutschen Gefangenen so viel Freiheit wie möglich, eine Selbstverwaltung und förderte die Kreativität der Gefangenen jeder Art.

Es bildeten sich fünf deutsche Orchester, zwei Männerchöre, das Mandolinen-Orchester *Zillertaler- Edelweiß*, zwei Theatergruppen und ein Marionettentheater [138]. Dazu gab es Freizeitmöglichkeiten wie Tennis und Fußball, *Deutsche Tage* sowie ein Bierfest im August. Diese wurden gerne auch von den Japanern besucht, die sich dann mit den Deutschen fraternisierten. Diesen gestatteten die Japaner sogar ihre Kinder auf den Schoß zu nehmen. Damit war Bando zu einer Stätte eines echten Kulturaustausches geworden. Das weitere Schicksal von Tsingtau lag nach der Übergabe der Stadt an die Japaner in deren Händen. Diese erkannten die Aufbauleistungen der Deutschen durchaus an. Hierzu bemerkte der in Tsingtau geborene Professor Dr. Wilhelm Matzat [139]:

Die Japaner hatten wie die Deutschen den Ehrgeiz, Tsingtau zur Musterstadt aufzubauen und so scheuten sie keine Ausgaben, um repräsentative Bank-, Handels- Schul- und Verwaltungsgebäude zu errichten, die den Vergleich mit den von deutscher Seite geschaffenen Bauten aushalten konnten. Außerdem entstanden neue Fabriken größeren Ausmaßes. Sechs Baumwollspinnereien, Streichholzfabriken, Ölpressen, Knochenmühlen, eine japanische Schuhfabrik sowie eine große Zigarettenfabrik einer britisch-amerikanischen Firma. Anfang der 1920 Jahre war aus der baulich noch getrennten Mehrkernanlage der deutschen Zeit eine zusammenhängende Flächenstadt geworden, allerdings in Form eines liegenden V, denn zwischen Hafen- und Industrieviertel im Norden und der Gartenstadt im Süden am Meer schob sich der von den Deutschen angelegte Grüngürtel vom Gouvernementshügel- und Observatoriumshügel, Signalberg, Bismarckberg, Forstgarten bis zu den Iltisbergen.

Auf Druck der Alliierten Westmächte brach China im März 1917 die diplomatischen Beziehungen zum deutschen Reich ab und gab im August 1917 eine Kriegserklärung ab, obwohl die Präsenz der Deutschen bis zu diesem Zeitpunkt von den meisten Chinesen als positiv gewertet worden ist. Nach Abschluss des Waffenstillstandes im November 1918 wurde die Lage der noch in China verbliebenen Deutschen noch gefährlicher. Die meisten der in ihrem Besitz befindlichen Firmen und Liegenschaften wurden enteignet und die Mehrzahl der Deutschen, ca. 2176 wurde nach einem Repatriierungsbefehl im März 1919 ausgewiesen [140]. Dabei durften sie nur Gepäck von 75 Kilo pro Person mitnehmen.

Obwohl China zu den Siegern im 1. Weltkrieg gehörte, weigerte es sich 1919 den Versailler Friedensvertrag zu unterzeichnen, weil nach diesem Vertrag Tsingtau japanisch bleiben sollte. Daraufhin kam es am 4. Mai 1919 noch vor Unterzeichnung des Friedensvertrages zu heftigen Studentenprotesten in Peking vor allem gegen die Haltung der USA, die sich für die Überlassung Tsingtaus an die Japaner einsetzte. Die Schantung und Tsingtau Frage wurde damit zu einem Streitpunkt in der internationalen Politik. Da die USA auf der anderen Seite an einem guten Einvernehmen mit China wegen des dort vorhandenen großen Absatzmarktes für amerikanische Produkte interessiert war, revidierte die USA seinen Standpunkt und berief in Washington eine Konferenz ein, auf der die beiden Streitpartner China und Japan die Streitfrage friedlich lösen sollten. Am 6. Februar 1922 erklärte sich Japan nach einem vierteljährlichen zähen Ringen damit

einverstanden, Tsingtau und die Schantung Eisenbahn an China zurückzugeben. Dies erfolgte noch im gleichen Jahr am 10. Dezember 1922. In Japan wurde die erzwungene Rückgabe der Gebiete allein schon wegen der großen japanischen Verluste bei deren Eroberung im November 1914 als Demütigung empfunden [141].

Am 21. Mai 1921 hatte Deutschland mit China eine Abkommen geschlossen, in dem es sich mit der Aufkündigung des Pachtvertrages und Rückgabe des Kiaut-schougebietes an China einverstanden erklärte. Auf der Grundlage des Über-einkommens enwickelten sich auch in der Folgezeit zwischen Deutschland und China freundschaftliche Beziehungen [142]. Nach der Rückgabe von Tsingtau im Jahr 1922 an China kam es im Rahmen des Japanisch- Chinesischen Krieges im Jahre 1937 erneut zu einer Besetzung von Tsingtau durch die Japaner. Diese dauerte bis 1945, bis zum Ende des 2. Weltkrieges.

Nach dem Abwurf der beiden Atombomben auf Hiroshima und Nagasaki am 6. und 9. August 1945 kam es am 15. August 1945 zu einem Gesamtwaffenstill-stand zwischen Japan und den USA. Im Einvernehmen mit den USA als Sieger-macht blieben die Japaner zur Aufrechterhaltung von Recht und Ordnung noch zwei Monate in Tsingtau.

3. Tsingtau nach Beendigung des 2. Weltkrieges

Am 25. Oktober 1945 erfolgte auf dem Rennplatz die feierliche Übergabe von Tsingtau an die Amerikaner. Dort war ein Podest aufgebaut mit einem Tisch, an dem die Kapitulationsdokumente unterzeichnet wurden [143].

Bis zum 24. Mai 1949 war Tsingtau Stützpunkt der sechsten Division der U.S. Marines und der seventh Fleet der U.S. Navy. Am 24. Mai 1949 räumten die Ame-rikaner ihren Stützpunkt vor der stetig weiter auf Tsingtau vordringenden Roten Armee von Mao Tse Tung. Dieser hatte am 1. Oktober 1949 vom Tor des Himm-lischen Friedens in Peking die Volksrepublik China ausgerufen. Damit hatten die Amerikaner auf dem chinesischen Festland jeglichen Einfluss verloren. Bünd-nispartner der USA war nur noch Tschiang- Kai- Shek und dessen Organisation Guomindang, die sich nach Taiwan (Formosa) zurückgezogen hatte.

Kurz nach dem Abzug der Amerikaner marschierten Mao Tse Tungs Truppen in Tsingtau ein, das seit dieser Zeit zur Volksrepublik China gehört. Im Rahmen zahlreicher Eingemeindungen des Umlandes bei der Bildung von Volkskommu-nen, umfasst Groß Tsingtau derzeit eine Fläche von 10.645 Quadratkilometern bei einer Einwohnerzahl von acht Millionen. Damit reicht das Stadtgebiet von

Tsingtau fast bis zur Nordküste und zerschneidet damit die Halbinsel Schantung in einen östlichen und einen westlichen Flügel. Mit der Entstehung des Ballungsgebietes Groß- Tsingtau wuchs auf diesem Gebiet aufgrund der maoistischen Planwirtschaft auch die Anzahl der Industriebetriebe. Von diesen stammten noch einige aus der deutschen Zeit [144]:

Aus deutscher Zeit stammen noch die Mineralwasserfabrik, Weinkellerei und Bierbrauereien und aus der damaligen Eisenbahnreparaturwerkstatt in Sifang ist eine bedeutende Waggon- und Diesellokomotiven-Fabrik hervorgegangen. Die jetzt umfangreiche Textilproduktion geht auf die japanischen Gründungen zurück und umfasst heute nicht nur Baumwollspinnereien ,-webereien und-wirkereien, sondern auch Seidenspinnereien und-strickereien, Teppichknüpfereien und Bekleidungsindustrie.

Auch setzten die Kommunisten die Tradition der Deutschenzeit, das vormalige Tsingtau mit seinen guten Badeständen und dem günstigen Klima zu einer Art Riviera zu machen, konsequent fort. Bald hatte man die 1920- 1945 an diesen Stränden entstandenen Villen zu einem großen Sanatoriumsviertel umgestaltet. 1979 zählte man dort 18 Sanatorien mit 4000 Betten, außerdem waren zwei neue Entwicklungsgebiete für den Tourismus ausgewiesen worden. Eines davon liegt rund 12 Kilometer östlich der Stadt an der Küste mit dem Dorf Shilaoren.

Von einschneidender Auswirkung auf Tsingtau war die von Mao Tse Tung in den Jahren 1966- 1976 ausgerufene Kulturrevolution. Im Namen dieser Revolution wurden in ganz China zehn Jahre lang Traditionen sowie 6.600 Denkmäler rigoros zerstört. Darunter Zeugnisse der eigenen, mehrtausendjährigen chinesischen Geistesgeschichte. Sogar die Grabstätten des Konfuzius und seiner Nachkommen in der Vaterstadt des Philosophen Kiu- fu in der Provinz Schantung sowie dessen einstiges zur Kultstätte umgewidmetes Wohnhaus wurden zerstört.

Tsingtau bekam die Folgen der Kulturrevolution dadurch zu spüren, dass auf dem ursprünglich deutschen Friedhof, den man 1926 internationalisiert hatte, sämtliche Grabsteine zerschlagen und die Gräber eingeebnet wurden. Die evangelische Christuskirche und die katholische St. Michaelkirche wurden zu Materiallagern, die mit Stacheldraht umzogen waren, entweiht. Die auf den Doppeltürmen der katholischen Kirche angebrachten Kreuze wurden entfernt und durch rote Sterne ersetzt. In der Christuskirche wurden Obdachlose untergebracht [145]. Außerdem wurden Wiesen und Parks beseitigt, weil Mao-Tse-Tung verkündet hatte, dass jegliches Anpflanzen und Pflegen von Blumen und Rasen Brauchtümer des Kapitalismus sei. Insoweit befahl Mao sich von allen Gärtnern zu befreien. Noch heute werden Sehenswürdigkeiten in der Altstadt von Tsingtau durch die deutsche Zeit wesentlich geprägt. Überall gibt es noch unverkennbare Bauten aus deutscher Zeit. Hierzu gehören die Gebäude der Deutsch- Asiatischen Bank, des Kaiserlichen Hauptpostamtes, die einstige Gouvernementsschule ,das deutsche Marineobservatorium, das Kaiserliche Gericht am Hunan, in dem heute noch das städtische Volksgericht tagt, das Kaiserliche Chinesische Seezollamt, das Polizeipräsidium und das Gouvernementsgebäude, das heute als Archiv und Zentralbibliothek genutzt wird.

Beim Bau des neuen Hauptbahnhofs von Tsingtau wurde die Bausubstanz des ehemaligen 1901 erbauten deutschen Bahnhofs der Schantung- Eisenbahn einbezogen. Neubauten in seiner Nachbarschaft wurden dem alten Bahnhofsgebäude als Schutzobjekt architektonisch möglichst angeglichen.

Zur touristischen Sehenswürdigkeit im heutigen Tsingtau gehört noch heute ein Besuch der einstigen Germania Brauerei, in der seit 1904 aus dem Lauschan Quellwasser und dem im Umland angebauten, ansonsten in China unbekannten Hopfen nach bayrischen Rezepten und nach dem deutschen Reinheitsgebot das inzwischen in aller Welt bekannte *Tsingtau Bier* gebraut wird. Ein weitere Tradition aus Bayern wurde übernommen, die Feier des Deutschen Oktoberfestes alljährlich im Oktober wie in München auf den Wiesen.

Anhang:

I. Der Kiautschou- Vertrag vom 6. März 1898

Der Kiautschou- Vertrag vom 6. März 1898 hatte folgenden Wortlaut:

Nachdem nunmehr die Vorfälle bei der Mission in der Präfektur in Schantung ihre Erledigung gefunden haben, hält es die Kaiserliche Chinesische Regierung für angezeigt, ihre dankbare Anerkennung für die ihr seitens von Deutschland bewiesenen Freundschaft noch besonders zu bestätigen. Es haben daher die Kaiserlich Deutsche Regierung und die Kaiserlich Chinesische Regierung durchdrungen von dem gleichnamigen und gegenseitigen Wunsche die freundschaftlichen Bande beider Länder zu kräftigen und die wirtschaftlichen und Handelsbeziehungen der Untertanen beider Staaten miteinander weiter zu entwickeln, nachstehende Separat-Konvention abgeschlossen:

1. Teil- Verpachtung von Kiautschou

Seine Majestät der Kaiser von China, von der Absicht geleitet, die freundschaftlichen Beziehungen zwischen China und Deutschland zu kräftigen und zugleich die militärische Bereitschaft des Chinesisches Reiches zu stärken, verspricht, indem er sich seine Rechte der Souveränität in einer Zone von 50 Kilometern (100 chinesische Li) im Umkreis von der Kiautschou Bucht bei Hochwasserstand vorbehält, in dieser Zone den freien Durchmarsch Deutscher Truppen zu jeder Zeit zu gestatten, sowie keinerlei Maßnahmen oder Anordnungen ohne vorhergehende Zustimmung der Deutschen Regierung zu treffen und insbesondere einer etwa erforderlich werdenden Regulierung der Wasserläufe kein Hindernis entgegenzusetzen. Seine Majestät der Kaiser von China behält sich hierbei vor, in jener Zone um Einvernehmen mit der Deutschen Regierung Truppen zu stationieren sowie andere militärische Maßregeln zu treffen.

Artikel II:

In der Absicht, den berechtigten Wunsch Seiner Majestät des Deutschen Kaisers zu erfüllen, dass Deutschland gleich anderen Mächten einen Platz an der Chinesischen Küste inne haben möge für die Ausrüstung und Ausbesserung von Schiffen, für die Niederlegung von Materialien und Vorräten für dieselben, sowie für sonstige dazu gehörende Einrichtungen überlässt seine Majestät der Kaiser von China beide Seiten des Eingangs der Bucht von Kiautschou pachtweise, vorläufig auf 99 Jahre, an Deutschland. Deutschland übernimmt es, in gelegener Zeit auf dem ihm überlassenen Gebiet Befestigungen zum Schutze der gedachten baulichen Anlagen und der Einfahrt des Hafens zur Ausführung zu bringen.

Artikel III:

Um einem etwaigen Entstehen von Konflikten vorzubeugen, wird die kaiserliche chinesische Regierung während der Pachtdauer im verpachteten Gebiete Hoheitsrechte nicht ausüben, sondern überlässt die Ausübung derselben an Deutschland und zwar für folgendes Gebiet:

1. An der nördlichen Seite des Einganges der Bucht. Die Landzunge abgegrenzt nach Nordosten durch eine von der nordöstlichen Ecke von Potato Island nach Loshan Harbour gezogenen Linie.

2. An der südlichen Seite des Einganges der Bucht. Die Landzunge abgegrenzt durch eine von dem südwestlichen Punkte der südsüdwestlich von Chiposan Island befindlichen Einbuchtung in der Richtung auf Tobosan Island gezogenen Linie.

3. Inseln Chiposan und Potato Island,

4. Die gesamte Wasserfläche der Bucht bis zum höchsten derzeitigen Wasserstande,

5. Sämtliche der Kiautschou vorgelagerten und für deren Verteidigung von der Seeseite in Betracht kommenden Inseln, wie namentlich Tolosan, Tschallentau etc.

Eine genauere Festsetzung der Grenzen des an Deutschland verpachteten Gebietes sowie der 50 Kilometerzone um die Bucht herum, halten sich die hohen Kontrahenten vor, durch beiderseitig zu ernennende Kommissare nach Maßgabe der örtlichen Verhältnisse vorzunehmen.

Chinesische Kriegs- und Handelsschiffe sollten in der Kiautschou Bucht dieselben Vergünstigungen zu Teil werden wie den Schiffen anderer mit Deutschland befreundeter Nationen und es soll das Ein- und Auslaufen chinesischer Schiffe in der Bucht keinen anderen Einschränkungen unterworfen werden, als die Kaiserlich deutsche Regierung kraft der an Deutschland auch für die gesamte Wasserfläche der Bucht übertragenen Hoheitsrechte in Bezug auf die Schiffe anderer Nationen zu irgend einer Zeit festzusetzen für geboten erachten wird.

Artikel IV:

Deutschland verpflichtet sich, auf den Inseln und Untiefen vor Eingang der Bucht die erforderlichen Seezeichen zu errichten. Von chinesischen Kriegs- und Handelsschiffen sollen in der Kiautschou- Bucht keine Abgaben erhoben werden, ausgenommen solche, denen auch andere Schiffe zum Zwecke der Unterhaltung der nötigen Hafen- und Quaianlagen unterworfen werden.

Artikel V:

Sollte Deutschland später einmal den Wunsch äußern, die Kiautschou Bucht vor Ablauf der Pachtzeit an China zurückzugeben, so verpflichtet sich China die Aufwendungen, die Deutschland in Kiautschou gemacht hat, zu ersetzen und einen besser geeigneten Platz an Deutschland zu gewähren. Deutschland verpflichtet sich, das von China gepachtete Gebiet niemals an eine andere Macht weiter zu verpachten.Der im Pachtgebiet wohnenden chinesischen Bevölkerung soll, vorausgesetzt,dass sie sich den Gesetzen und der Ordnung entsprechend verhält, jederzeit der Schutz der Deutschen Regierung zuteilwerden; sie kann, soweit nicht ihr Land für andere Zwecke in Anspruch genommen wird, dort verbleiben.Wenn Grundstücke chinesischer Besitzer zu irgend welchen Zwecken in Anspruch genommen werden, so sollen die Besitzer dafür entschädigt werden.

Was die Wiedereinrichtung von chinesischen Zollstationen betrifft, die außerhalb des an Deutschland verpachteten Gebietes, aber innerhalb der vereinbarten Zone von 50 Kilometern, früher bestanden haben, so beabsichtigt die Deutsche Regierung sich über die allendliche Regelung der Zollgrenze und der Zollvereinnahmung in einer alle Interessen Chinas wahrenden Weise mit der Chinesischen Regierung zu verständigen und behält sich vor, hierüber in weitere Verhandlungen einzutreten.

II. Teil Eisenbahn- und Bergwerkskonzessionen

Artikel I:

Die Kaiserliche Chinesische Regierung gewährt Deutschland die Konzession für folgende Bahnlinien in der Provinz Schantung:

1. Von Kiautschou über Weihsien, Chingchou, Poshan, Tzechuan und Tsouping nach Tsinandu und von dort in der Richtung nach der Grenze von Shantung.

2. Von Kiautschou nach Ichoufu und von dort weiter durch Leihwuhsien nach Tsinanfu.

Was den Bau der Strecke von Tsinanfu nach der Grenze von Shantung betrifft, so soll derselbe erst nach Festlegung der Bahn nach Tsinanfu in Angriff genommen werden, um den Anschluss derselben an die von China selbst zu bauende Bahnlinie in Erwägung zu ziehen; der über die Einzelbestimmungen für das ganze Unternehmen noch zu vereinbarende besondere Vertrag soll auch die Route für diese letztere Strecke bestimmen.

Artikel II:

Für den Bau der genannten Bahnlinien sollen eine oder mehrere deutsch- chinesische Eisenbahngesellschaften gebildet werden. Deutsche und chinesische Kaufleute können das Aktienkapital hierfür aufbringen, und von beiden Seiten wird man zuverlässige Beamte ernennen, die das Unternehmen überwachen.

Artikel III:

Zur Regelung der Einzelheiten wird von beiden hohen Kontrahenten demnächst noch ein besonderer Vertrag aufgesetzt werden. China und Deutschland werden hierbei die Angelegenheit für sich regeln, jedoch verpflichtet sich die Chinesische Regierung hierbei der zu bildenden deutsch- chinesischen Eisenbahngesellschaft günstige Bedingungen für den Bau und den Betrieb der bezeichneten Bahnen derart zu gewähren, dass dieselbe in allen wirtschaftlichen Fragen nicht schlechter gestellt sein wird, als andere chinesisch-europäische Gesellschaften anderswo im Chinesischen Reiche. Diese Bestimmung bezieht sich nur auf wirtschaftliche Dinge und hat keinerlei andere Bedeutung. Irgendein Gebietsteil der Provinz Shantung darf bei dem Bau der Bahnlinie nicht annektiert oder okkupiert werden.

Artikel IV:

An den genannten Bahnlinien entlang, in einem Abstand von 30 Li von den Linien, wie besonders in Poshan und Weihsien an der Linie Kiautschou- Tsinanfu sowie in Ichoufu und in Laiwusien an der Linie Kiautschou- Ichoulu- Tsinanfu wird deutschen Unternehmern die Ausbeutung von Kohlenlagern und sonstigen Unternehmungen sowie die Ausführung der notwenigen öffentlichen Arbeiten gestattet. Dabei können deutsche und chinesische Kaufleute gemeinsam Kapitalien in den Unternehmungen anlegen.

Ebenso wie für die Eisenbahnkonzessionen werden auch die auf dem Betrieb von Bergwerken bezüglichen Bestimmungen noch besonders vereinbart werden. Die Chinesische Regierung verspricht hierbei, den deutschen Kaufleuten und Ingenieuren in Übereinstimmung mit der in Bezug auf Eisenbahnen übernommenen Verpflichtungen günstige Bedingungen derart zu gewähren, dass die deutschen Unternehmer nicht schlechter gestellt sein werden als andere chinesisch.-europäische Gesellschaften anderswo im Chinesischen Reiche. Auch diese Bestimmung bezieht sich nur auf wirtschaftliche Dinge und hat keinerlei andere Bedeutung.

III. Teil Prioritätsrechte in der Provinz Schantung

Die Kaiserliche Chinesische Regierung verpflichtet sich in allen Fällen, wo zu irgendwelchen Zwecken innerhalb der Provinz Schantung fremdländische Hilfe an Personen, an Kapital oder Material in Anspruch genommen werden soll, die betreffenden Arbeiten und Materiallieferungen zunächst deutschen Industriellen und Handeltreibenden, welche sich mit dergleichen Sachen befassen, anzubieten.

Falls die deutschen Industriellen und Handeltreibenden nicht geneigt sind die Ausführung solcher Arbeiten oder die Lieferung von Materialien zu übernehmen, so soll China nach Belieben anders verfahren können.

Die vorstehenden Abmachungen sollen von den Souveränen beider vertragsschließenden Staaten ratifiziert und die Ratifikationsurkunden sollen derart ausgetauscht werden, dass nach Eingang der chinesischer seits ratifizierten Vertrags-Urkunde in Berlin die deutscher seits ratifizierte Urkunde dem Chinesischen Gesandten ausgehändigt werden wird".

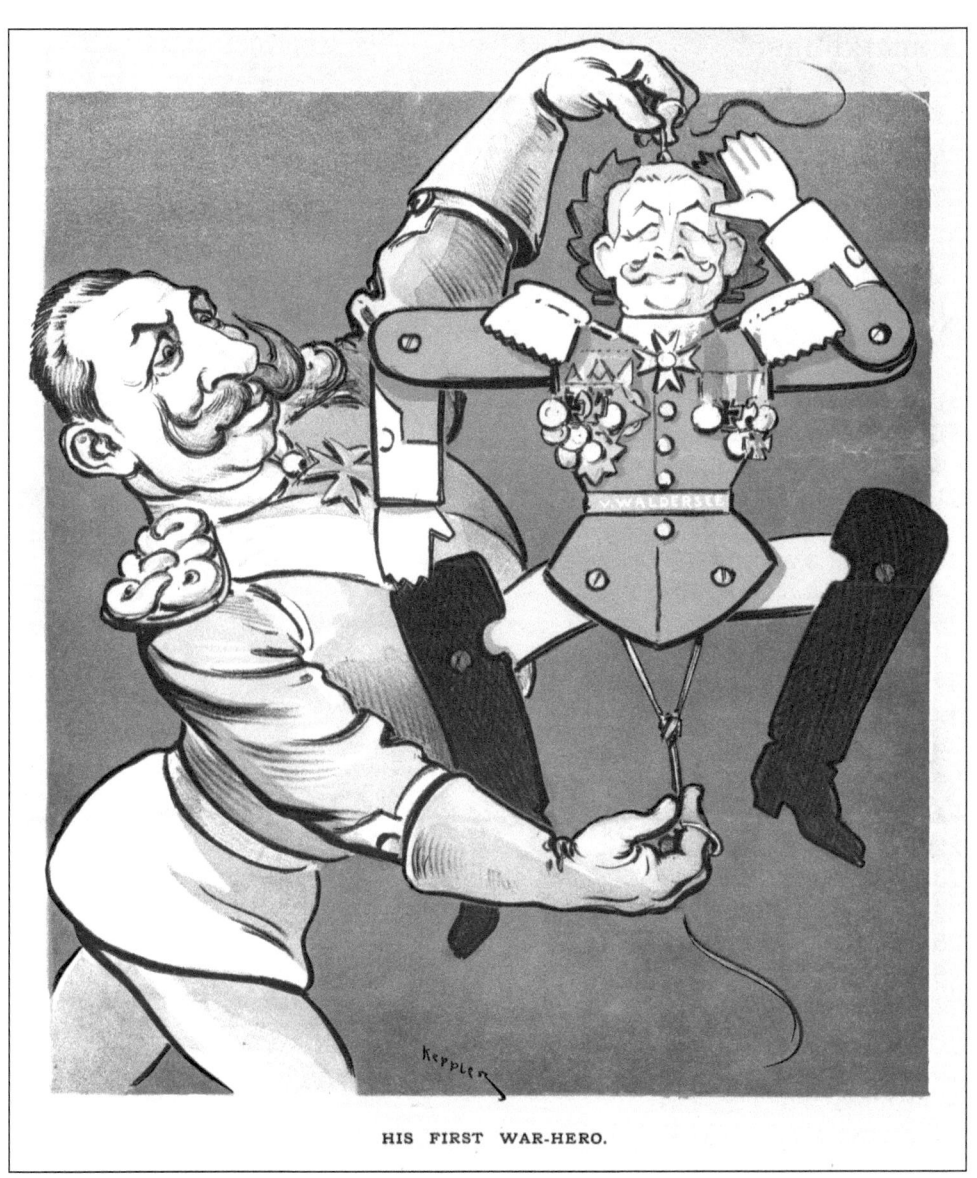

HIS FIRST WAR-HERO.

Anmerkungen:

1) Längin, S. 282
2) Weicker S. 79
3) Graichen/ Gründer, S. 208
3) Leutner S. 35
4) Prager S. 31
5) Leutner a.a.O. S. 56
6) Prager a.a.O. S. 31
7) Leutner a.a.O. S. 59
8) Leutner a.a.O. S. 66
9) Schrameyer S. 21
10) Weicker a.a.O. S. 30
11) Längin a.a.O. S. 266
12) Prager a.a.O. S. 66
13) Leutner a.a.O. S. 67
14) Leutner a.a.O. S. 107
15) Längin a.a.O. S. 36
16) Schrameyer a.a.O. S. 52
17) Längin a.a.O. S. 66
18) Graichen/Gründer a.a.O. S. 231
19) Graichen/Gründer a.a.O. S. 232
20) Längin a.a.O. S. 280
21) Graichen/ Gründer a.a.O. S. 236
22) Graichen/ Gründer a.a.O. S. 232
23) Leutner a.a.O. S. 106
24) Graichen/Gründer a.a.O. S. 216
25) Weicker a.a.O. S. 33
26) Weicker a.a.O. S. 36
27) Leutner a.a.O. S. 110
28) Leutner a.a.O. S.44
29) Weicker a.a.O. S. 75
30) Leutner a.a.O. S. 169
31) Prager a.a.O. S. 115
32) Leutner a.a.O. S. 171
33) Leutner a.a.O. S. 179
34) Schrameyer a.a.O. S. 34
35) Schrameyer a.a.O. S. 74
36) Leutner a.a.O. S. 180
37) Prager a.a.O. S. 67; Weicker a.a.O. S. 104

38) Prager a.a.O. S. 68
39) Schrameyer a.a.O. S. 77
40) Schrameyer a.a.O. S. 82
41) Schrameyer a.a.O. S. 84
42) Leutner a.a.O. S. 345
43) Leutner a.a.O. S. 348
44) Weicker a.a.O. S. 109
45) Weicker a.a.O. S. 108
46) Gründer a.a.O. S. 188
47) Schrameyer a.a.O. S. 38
48) Gründer a.a.O. S. 189
49) Schrameyer a.a.O. S. 54
50) Weicker a.a.O. S. 58
51) Weicker a.a.O. S. 58
52) Leutner a.a.O. S. 241
53) Leutner a.a.O. S. 249
54) Längin a.a.O. S. 287
55) Gründer a.a.O. S. 193
56) Prager a.a.O. S. 57
57) Leutner a.a.O. S. 491
58) Graichen/ Gründer a.a.O. S. 217; Längin a.a.O. S. 289
59) Gründer a.a.O. S. 192
60) Prager a.a.O. S. 61
61) Längin a.a.O. S. 290
62) Längin a.a.O. S. 290
63) Leutner a.a.O. S. 492
64) Längin a.a.O. S. 290
65) Prager a.a.O. S. 62
66) Leutner a.a.O. S. 493
67) Prager a.a.O. S. 104
68) Leutner a.a.O. S. 495
69) Prager a.a.O. S. 104
70) Prager a.a.O. S. 106
71) Prager a.a.O. S. 88
72) Prager a.a.O. S. 89
73) Weicker a.a.O. S. 99
74) Prager a.a.O. S. 89
75) Weicker a.a.O. S. 99
76) Prager a.a.O. S. 90
77) Prager a.a.O. S. 89
78) Weicker a.a.O. S. 110

79) Schrameyer a.a.O. S. 63
80) Weicker a.a.O. S. 110
81) Weicker a.a.O. S. 111
82) Weicker a.a.O. S. 112
83) Prager a.a.O. S. 94
84) Prager a.a.O. S. 91
85) Schrameyer a.a.O. S. 59
86) Gründer a.a.O. S.190; Graichen/ Gründer a.a.O. S. 226
87) Prager a.a.O. S. 81
88) Prager a.a.O. S. 80
89) Prager a.a.O. S. 80
90) Längin a.a.O. S. 285
91) Leutner a.a.O. S.46
92) Prager a.a.O. S. 98
93) Schrameyer a.a.O. S. 55
94) Leutner a.a.O. S. 387
95) Weicker a.a.O. S. 144
96) Prager a.a.O. S. 108
97) Prager a.a.O. S. 111
98) Prager a.a.O. S. 111
99) Graichen/Gründer a.a.O. S. 224
100) Prager a.a.O. S. 163
101) Leutner a.a.O. S. 381
102) Prager a.a.O. S. 48
103) Prager a.a.O. S. 52
104) Weicker a.a.O. S. 160
105) Prager a.a.O. S. 50
106) Weicker a.a.O. S. 161; Prager a.a.O. S. 108
107) Prager a.a.O. S. 54
108) Prager a.a.O. S. 73
109) Prager a.a.O. S. 74
110) Weicker a.a.O. S. 164
111) Weicker a.a.O. S. 167
112) Leutner a.a.O. S. 46
113) Graichen/ Gründer a.a.O. S. 228
114) Graichen/ Gründer a.a.O. S. 224
115) Weicker a.a.O. S. 123
116) Weicker a.a.O. S. 127
117) Weicker a.a.O. S. 117
118) Leutner a.a.O. S. 431
119) Leutner a.a.O. S. 432

120) Weicker a.a.O. S. 128
121) Weicker a.a.O. S. 112
122) Weicker a.a.O. S. 113
123) Prager a.a.O. S. 80
124) Weicker a.a.O. S. 128
125) Weicker a.a.O. S.134
126) Weicker a.a.O. S. 116
127) Weicker a.a.O. S. 117
128) Weicker a.a.O. S. 118
129) Weicker a.a.O. S. 119
130) Weicker a.a.O. S. 121
131) Weicker a.a.O. S. 120
132) Prager a.a.O. S. 116
133) Prager a.a.O. S. 118
134) Prager a.a.O. S. 132
135) Leutner a.a.O. S. 498
136) Leutner a.a.O. S. 498
137) Prager a.a.O. S. 137
138) Prager a.a.O. S. 134
139) Prager a.a.O. S. 141
140) Prager a.a.O. S. 144
141) Prager a.a.O. S. 144
142) Prager a.a.O. S. 152
143) Prager a.a.O. S. 154
144) Prager a.a.O. S. 157
145) Prager a.a.O. S. 159

Literatur

W. Franke, China und das Abendland, Göttingen 1962

ders. China- Handbuch, Düsseldorf 1974

G. Graichen/ H. Gründer, Deutsche Kolonien
Traum und Trauma, Berlin 2007

H. Gründer, Geschichte der deutschen Kolonien, Paderborn 2005

B. G. Längin, Die deutschen Kolonien
Schauplätze und Schicksale 1884- 1918, Hamburg/ Berlin/ Bonn 2005

M. Leutner, Musterkolonie Kiautschou,
Expansion des Deutschen Reiches in China,
Deutsch- Chinesische Beziehungen 1897- 1914
Quellensammlung, München 1997

H. G. Prager, Tsingtau/ Quingdao: Deutsches Erbe in China, 2011

Schrameyer, Kiautschou, seine Entwicklung und Bedeutung, Berlin 1915

H. Weicker, Kiautschou. Das deutsche Schutzgebiet in Ostasien, Berlin 1908

W. Westphal, Geschichte der deutschen Kolonien, Frankfurt/ Berlin 1897

Chinesische Strafarten.

Eine Auswahl meiner bisherigen Publikationen:

Deutsche Kolonien in Afrika- Afrikaner unter deutscher Flagge   2021
Die deutschen Kolonien Neuguinea und Samoa   2021

Siegel und Siegeln im Alten Ägypten- Doktorarbeit   1982
Strafrechtliche Aspekte im altägyptischen Recht   1993
Altägyptisches Zivilrecht   1999
Ägypten und die Bibel   1999
Die Flucht nach Ägypten   2000
Echnaton und Moses, Monotheismus und Aussatz   2011
Recht, Staat, Verwaltung und Wirtschaft im Alten Ägypten   2018
Fragen und Antworten zur altägyptischen Geschichte   2021

Die Finanzverwaltung im Altertum   1985

Steuervorteile durch Vereinbarungen zwischen Familienangehörigen   1991
Boochs/ Gantef:ührer. Kunstbesitz, Kunsthandel ...   1992
Sponsoring in der Praxis, Steuer und Zivilrecht, Musterfälle   2000
Steuerhandbuch für Vereine, Verbände und Stiftungen   2001
Steuerrecht in der Insolvenz   2007
Kommunale Steuern und Abgaben   2009

Geschichte und Geist der koptischen Kirche   2014
Fragen und Antworten zum koptischen Christentum   2014
Die Kopten, Kirche der Märtyrer   2015
Das Koptische Recht   2018

Chronik der Familie Virmond   2017
Gerhard Vynhoven   2018

Briefe aus dem Krieg- Konrad Vander   2010

Chronik der Pfarre Neersen   1998
Neersen, Kulturhistorisches Kleinod des Niederrheins   2013
Neersen in der Franzosenzeit   2019
Neersen zur Zeit der Weltkriege 1914- 1945   2019
Neersen nach dem II. Weltkrieg 1945- 2020   2020

Dr. phil. Wolfgang Boochs

Jahrgang 1944, verheiratet, 6 Kinder, Jurist und Ägyptologe. Ehrenprofessor der Staatlichen Finanzakademie von Irpin in der Ukraine. Autor und Herausgeber zahlreicher Publikationen über Ägypten und altägyptische Rechtsgeschichte, die Bibel, die koptische Kirche, Kolonialismus sowie Steuer- und Insolvenzrecht

Der Regierungsdirektor a.D. arbeitet als Rechtsanwalt, vornehmlich in den Bereichen Steuer- Insolvenz- und Asylrecht und ist Treuhänder von mehreren gemeinnützigen Stiftungen.